もう山でバテない!

「インターバル速歩」の威力

信州大学大学院
医学系研究科教授
能勢 博

山と溪谷社

はじめに

最近は、登山に関するテレビ番組が人気を集めています。NHK BSプレミアムで放映されていた『山女日記』『グレートトラバース』、現在放映中の『にっぽん百名山』などがその代表的なものです。そのような番組が増えてきた背景には、一般の登山者の増加があります。

一昔前は、登山は大学山岳部の専売特許でした。その後、社会人山岳会が活躍し、現在は、一般の登山者も数多く見かけるようになりました。なかでも中高年者、さらには女性の登山者が増えているようです。また、「山ガール」と呼ばれる若い女性も多くなって、山は昔に比べてきらびやかになりました。そして、そうした流れに呼応するように、山小屋の食事も豪勢になり、しまいには、お風呂に入れる山小屋が登場したという話も耳にしています。

登る人が変われば、その意識も変わります。大学山岳部や社会人山岳会が活躍していた頃は、若者主体で、「挑戦」「開拓」といった言葉が山登りの共通理念でした。そして、それを共有する者は「同志」としての強い絆で結ばれていました。

一方、最近は、登山は自然を楽しむレジャーの一つとなり、「何故その山に登るのか」「自分の体力・技術がそれに相応しいのか」といったむずかしいことは、あまり考えなくなりました。気軽に山登りを楽しむことは悪いことではありませんが、そこに潜むリスクを忘れるわけにはいきません。一般の登山者が増えた結果、遭難事故が増えていることも事実なのです。

本書は、若いときに登山を経験していて、ふたたび始めようと考えている方、最近、健康のために里山登山を始めたが、いずれ本格的な登山にチャレンジしたいと考えている方を対象としています。そして、そうした方々に、安全に、有意義な登山を楽しんでもらいたいと思い、著者の専門である運動生理学の立場から山登りについて解説していきます。

山にチャレンジするためには、まず体力をつけなければいけません。

本書のタイトルともなっているインターバル速歩は、私たちが中高年者を対象として開発した運動トレーニング方法で、体力向上、生活習慣病予防効果が科学的に立証されているものです。日本ではＮＨＫで、米国ではＮｅｗ Ｙｏｒｋ Ｔｉｍｅｓでも紹介されています。

憧れの山に登るために、そして安全に登山を楽しむために、まずこのインターバル速歩で、体力作りに励まれることをお勧めします。

安曇野から早春の北アルプスを眺めながら

能勢 博

もう山でバテない！
「インターバル速歩」の威力

CONTENTS
目次

序章

山登りと「インターバル速歩」

曖昧な記憶は災いの元

2年前、私の大学時代の同級生から、一度、本格的な冬山登山を体験したいが、どこか適当な山に連れていってくれないか、という連絡がありました。聞くところによると、この数年来、登山にはまっていて、大学の同僚とともに夏のアルプスの縦走など、かなりハードな登山をやってきたのだが、そろそろ冬山に挑戦したくなった、ということです。

さて、何故、いまさら彼が登山を始めたのか、学生時代の彼からはまったく想像ができなかったのですが、聞けば数年前、仕事やプライベートでストレスが重なり、うつ気分で悩んでいたそうです。これではいかん、ということで一念発起し、時間の空いたときに大学の裏山に登り始めたのですが、そのうち大学の同僚の仲間ができ、どんどんのめり込んで、その同僚と一緒に本格的な山登りをするようになったそうです。

さて、どこに行こうか、と悩んだ末、八ヶ岳連峰の天狗岳*に登ることにしました。中腹の黒百合平に信州大学医学部八ヶ岳高所医学研究室*があり、四季を通じて何度も教室のスタッフと登ったところです。

以前登ったときには、2月というのに車道に雪はなく、登山道の積雪も10〜20cm程度、ほとんど踏み固められていて楽に黒百合平に到着しました。翌日も晴れ、天狗岳に至る道も同様に踏み固められていて、天狗岳の頂上直下までは、長靴でも楽々行けたように記憶していました。

いま思えば、この曖昧な記憶が災いの元でした。

◆

そのときの記憶を基に、私は友人に「2月でそんな感じだったから、12月は、ひょっとしたら雪がないかもしれない」と伝えました。ところが、当日になって

*八ヶ岳連峰の天狗岳
東天狗岳にある天狗岩が天狗の鼻のように見えることからつけられた山名と考えられる。標高2646m

*信州大学医学部八ヶ岳高所医学研究室
高地生息動物の生理、生態を調査・研究するために設置された信州大学附属研究施設

驚いたことに、勢力の強い南岸低気圧が本州をかすめ、日本列島の太平洋側でも10年来の大雪になってしまったのです。それでも、なんとか車で登山口の唐沢鉱泉*までたどり着きましたが、その後の登山は深々と降る雪の中、膝までのラッセル*を強いられました。屈強な学生たちのラッセルのおかげで、なんとか森林限界を突破し、稜線に着いたものの、そこは横殴りの猛吹雪。気温マイナス10℃、風速は秒速20mはあったと思います。

それでも「頂上を目指す」という固い意志の下、全員、頂上直下数十メートルまで行きましたが、それより上は岩稜になっていて視界も利かず、滑落が怖くなって、残念ながら引き返すことにしました。

こんな具合に、私の友人の冬山初登山は無事終了したわけですが、後日、私は、顔の右側が変色して皮がむけ、凍傷になっていることが判明しました。稜線で同じ方向から長時間強風を受けていたことが原因です。ちょっとヒリヒリしましたが、これは、私の心の勲章でもあり、しばらく心地よささえ感じていました。

しかし、その登山で痛切に感じたのは、曖昧な記憶は災いの元ということと、山登りに体力は欠かせないということでした。その頃、私はすでに自分でもインターバル速歩をやっていましたが、日々の仕事の中で、なかなか思うように時間がとれず、おろそかになっていたのです。

このときの登山のように、状況が厳しければ厳しいほど、基本的な体力がものをいいます。みなさんには、これから紹介する山登りの基本と、インターバル速歩のやり方を熟読していただき、さらに曖昧な記憶に惑わされないよう、安全な登山を楽しんでもらいたいと思うのです。

インターバル速歩と山登り

インターバル速歩と登山のリンク、そこには、長野県が大きく関わっています。山岳観光立県である長野には、年間50万人の観光客が訪れ、その収入は年間500億円にもなります。しかし、それと同時に遭難事故の数も多く、年間

***唐沢鉱泉**
八ヶ岳国定公園内に位置する一軒宿の鉱泉。天狗岳への代表的な登山口

***ラッセル**
登山で雪などをかき分けて進むこと

150件程度の遭難事故が発生し、その70％が中高年者という実態があります。その原因は「転倒」「滑落」などが60％以上を占め、中高年者の体力低下がその背景にあることがわかってきました。実際、私たちが中高年者を対象に、登山中のエネルギー消費量を測定した結果、多くの人が、自身の体力の90％に相当する運動強度で登山をしていることが明らかになったのです。これでは、何かの拍子でちょっとバランスを崩したときに対応できない、ということは容易に想像できます。

こうした結果を受けて、長野県山岳遭難防止対策協会が「自分の体力に合った山を選ぼう」というキャンペーンを張りました。後述する「山ウォーク」アプリを利用して自分の体力を測り、余裕をもって登れる山を選ぼうという発想です。

しかし、中には体力不足で、自分が憧れる山には登れないという人も出てきます。そうした体力不足で山登りをあきらめなければならないという人のために、インターバル速歩はうってつけのトレーニング方法なのです。

その効果、方法についてはあとの章にゆずりますが、インターバル速歩を5ヶ月間続ければ、体力が最大20％アップすることが明らかになっているので、憧れの山に登るという「夢が叶う」ことになります。

この発想が、インターバル速歩を普及させたいという私たちの願いと合致したのです。

誰しも、「運動が健康によい」というのはわかっていても、なかなかできない、というのが本音でしょう。適度な運動によって血圧が下がり、血糖値がよくなり、その結果として医療費が下がるなどといっても、国は喜ぶかもしれませんが、本人はそのメリットを感じることはあまりないのです。

そこに、自分自身で「あの山に登りたい」という具体的な目標を掲げれば、インターバル速歩を始める人たちが増えて、さらにそれを継続するのではないか、と考えたわけです。

一般の登山者が増え、山に挑戦するのはよいことです。それをさらに安全に、余裕をもって登れるように、インターバル速歩を活用してもらえれば、それに越したことはありません。

そして私たちは、その先も考えています。中高年者がインターバル速歩を実施して、医療費が抑制できれば、その抑制された医療費の一部を山登りなどの観光事業に投入して、さらに発展させるという発想です。つまり「医療費抑制を原資とする健康サービス産業の創造」です。これによって、少子高齢化で疲弊する地方自治体を元気にしようというのが、私たちの最終目標なのです。

第1章
山に登る前の下準備

この章では、山に登るときには、
どんな準備が必要かを考えていきます。
楽しく登山をするための心構えのようなものです。

体力作りの前のブレーントレーニング

山登りにチャレンジしようと思い立ったとき、ただ登るだけではなく、どういう山を登るのか、どういう登山がしたいのか、が大切だと思います。私があまり素敵ではないと思うのは、有名な山、いわゆるブランドのある山に登って、それを周りの人に自慢するというパターンです。これは、自分が登りたいかどうかというよりも、まず山の知名度が大事ということです。これでは、楽しい、また有意義な登山ができるとは思いません。

いろいろな方が、いろいろな山に関する随筆を書かれていて、知ろうと思えば、山に関するさまざまな知識を得ることができます。まずは、そうした下準備で、興味のある山を選んでいくというアプローチが大切だと思います。山に対する知識を蓄えて、そして山を選ぶのです。

私が大学の山岳部に在籍していた頃、体力も大事だけれど、まずブレーントレーニングをしなさいと、先輩からよく言われました。山に関する書籍や雑誌などに目を通し、また古い文献などを探して、山の背景を知るところから始めなさいということです。

そうした作業を行っていくと、一つの山に対する自分なりのイメージというものができあがってきます。とにかく高ければいいとか、有名であればいいということではなく、いろいろな文献を読んでいくうちに、その山を実際に登った人の気持ちがだんだんとわかってきて、それを追体験しに行くような、そんな気持ちで山を選ぶのが私の好みです。

山に関しては、いろいろな随筆が出版されています。私たちの世代がよく読んだのは、串田孫一*、大島亮吉*、冠 松次郎*、加藤文太郎*、青柳 健*……でしょうか。

*串田孫一
1915～2005。哲学者、詩人、随筆家。東京生まれ。1958年、尾崎喜八らと山の文芸誌『アルプ』を創刊

そういった方々の文章を読み、それらの本を読んでいろいろな場所に思いを馳せて、山登りに関して自分なりに考えを巡らせました。

個人的には、その中で、今でも強く印象に残っているのは、井上 靖さんの『氷壁』という小説です。その小説を読んで、前穂高の奥又白池に行ってみたら、想像していたのとまったく同じ風景だったのです。井上 靖さんの文章力もそうですが、彼と自然に対する感性を共有できたことにすごく感動したことを覚えています。

*大島亮吉
1899〜1928。登山家。東京生まれ。1922年、北アルプス槍ヶ岳の冬季初登頂に成功

*冠 松次郎
1883〜1970。登山家。東京生まれ。黒部渓谷を題材とした山岳紀行文で知られる

*加藤文太郎
1905〜1936。登山家。兵庫県生まれ。単独登攀で知られ、槍ヶ岳北鎌尾根で猛吹雪に遭い、30歳の生涯を閉じた

*青柳 健
1930〜。現在、株式会社穂高書店取締役会長。長野県生まれ。「青春の穂高」（1965年、三笠書房）の作者

*井上 靖
1907〜1991。小説家。北海道生まれ。『氷壁』（1957年、新潮社）の作者

できることなら、あまり人が登っていない山を登るのが理想です。初心者の方はそういうわけにはいきませんが、少しずつステップアップをして、行ってみてどうなるかわからないというような、あまり人気がない山にチャレンジしてもらいたいと思います。

私の経験ですが、山岳部の仲間と冬の南アルプスのある山に登ろうとして、枝*尾根にとりつこうと思ったら、その前に川があって、渡渉*が必要だったことがあります。仕方がないので靴を脱いで冷たい水の流れを渡って、ようやく尾根にとりつきました。冬の寒い時期に、そんなところには誰も行かないのです。でも、それがいい。

そういったあまり人の行かないところに行って、もし何かあれば途中で撤退してもいいというくらいの気持ちで、やってみようじゃないかというチャレンジ精神で。いま思えば怖いもの知らずというか、何か重箱の隅をつつくような登山だったかもしれませんが、そういった登山が強く印象に残っています。

自分たちで、チームの体力、技術を考えて、それに見合った山を選ぶのですが、時には何かに挑戦するような、そんな山登りをするということが大切だと思うのです。

ワンダーフォーゲルと山岳部

私が大学生の頃には、山岳部とワンダーフォーゲル*部があったのですが、安全そうだという理由から、ワンダーフォーゲル部に人気が集まっていました。そんな状態を打開すべく、新入生の勧誘に勤しむわけですが、そのときの常套句がありました。

***枝尾根**
主稜線から枝分かれした尾根

***渡渉**
川を歩いて渡ること

***ワンダーフォーゲル**
ドイツに始まった野外活動で「渡り鳥」を意味する。クラブ活動としては、登山だけでなく、カヌー、スキーなどのアウトドアスポーツを取り入れているところが多い

「ワンダーフォーゲル部というのは、他の人が作った道を歩いているだけなんだよ。それに比べ、わが山岳部は、道なき道を行くんです。たとえば、ある山の頂上に向かってきれいな稜線が延びているとき、他のルートを選ぶ理由がどこにあるだろうか。人に決められた道を選ぶことはないんだよ。そこを自分の欲求に素直にしたがって、自由に登れるのが山岳部なんだ」

なかなか説得力はあったと思うのですが、大半の学生は、やはり安全なワンダーフォーゲル部を選んでいました（笑）。

column

#01 子供の頃の体験がきっかけで

私が生まれたのは、京都府郊外の、現在、長岡京市というところです。当時は、田んぼと山しかない田舎でした。農業用のため池があちこちにあって、当時の子供たちはそこに作った筏を浮かべて遊んだり、筏の次は潜水艦だといって、どうしたらできるかを真剣に考えたりしていました。あるいは、木の上や竹やぶの中に隠れ家を作り、手製のパチンコを使って友達と戦争ごっこをやったのもいい思い出です。みんなで一つのことを工夫して、一緒に遊ぶことに熱中しました。そこは、「空想」と「現実」が入り混じった世界だったのです。

当然、子供の中には運悪く、ため池で筏の試運転中おぼれ死んだり、田んぼのあちこちにあった肥料用の野つぼに落ちて、何回か浮き沈みを繰り返しているところを、偶然通りかかった農夫の方に助けられた者もいました。このように、私は「責任者」云々が喧しく追求される今のご時勢から考えれば、信じられないような環境で育ちました。でも、子供たちは今よりもはるかに元気いっぱいだったのです。

物心がついた頃に、ヒマラヤやアルプスの登攀記を読んだことがあります。それにえらく感動しまして、ああ、自分もこんなところに行って、主人公と同じような感動を味わいたいと思い始めたのです。そうして大学に入り、山岳部に入ろうかどうしようか迷っていたら、先輩が声をかけてきて、「お前ね、どうしてみんなあんな危ないところに行くと思う」と聞くわけです。「それはな、それに見合うだけの面白さがあるからだよ、感動するものがあるんだよ」と言われ、めでたく山岳部に入部しました。

その思いは大学卒業後、研究者の道を選んでからも続きました。研究は登山に似ています。自分がやる価値のある研究テーマ（山）を選び、仲間を募り、研究成果を挙げる（頂上を目指す）ことは、登山の行為そのものだからです。

今、私が人生の盛りを過ぎた年になって、「ええ、もう人生おしまい？まだ、○○登攀記に書いてあったような感動は味わっていないよ」と寂しい思いを感じるときがあります。しかし、こうしてさまざまな思いをこの

本に込めている自分を省みて、彼らの言っていることを信じたおかげで、
結構、面白い人生だったんじゃないか、とも思うのです。

第2章

山登りで大切な話

山登りには、きついこともあれば、
楽しいこともたくさんあります。
私の経験から、初心者が知っておいたほうがよい
山に関する知識を紹介します。

登る山は体力と相談して決める

余裕をもって山を登るためには、体力が必要です。最初のうちは、自分の体力に見合った山を選ぶことが優先されます。面白いと感じた山、興味のそそられる山にチャレンジするのは、もう少しあとのことです。まずは、自分の体力と相談しながら、登る山を決めていくのがいいでしょう。

もし、自分に体力がないと感じたときは、本書で紹介する「インターバル速歩」などのトレーニングにトライして、山登りに必要な体力をつける努力をしてください。体力に自身がもてるようになってくれば、山登りはより楽しいものになるはずです。

生死を分ける山での決断

学生の頃、私がよく先輩から叩き込まれたのは、冬山で、3000mの主稜線*を歩くのは、とんでもなく危険なことだぞ、ということです。冬山は枝尾根のバリエーションルートからピーク*ハントで登っていくのが、体力と技術のない私たちの当時のやり方だったのですが、もし、主稜線で天候が悪化したら、強風や、吹雪や、霧などに見舞われて、自分たちの居場所もわからなくなる危険がありま す。したがって、枝尾根から主稜線に出るときには、天候や周りの状況をしっかりと見極めて、決断をしなさいと教えられました。これは、人生でも同様の状況に出くわすことがあります。

私のところには、進路に悩む学生がよく相談に来ます。たとえば、臨床医になるのか、基礎医学の研究者になるのかといった具合です。そんなとき、私は彼らに、客観的に見ればそれはどっちでもいいのだ、それよりも、自分で決断することが大事なんだ、と言っています。その決断の中には、自覚していようがいまいが、これまでの人生で培った価値観のすべてが凝集されて出ると思うからです。それは、他人にはわからないことです。このように悩んで、自分で決断する機会が多ければ多いほど、人は成長していくものなのです。

そんな私の考え方は、山登りから学んだものです。山では、一つの決断が生死を分けることも少なくありません。つねに周囲の状況に目をこらして、耳をそばだてて決断するのです。そうした行為が人に自信を与え、人生にメリハリを与えるものだと考えています。

初心者にとってとても大事なこと

私が所属していた京都府立医大の山岳部は、弱小山岳部でした。先輩には偉い

*主稜線
山頂と山頂を結ぶ稜線
*ピークハント
山頂到達だけを目的とした登山

方もいたらしいのですが、私の頃はみんな体力もなかったし、他の大学と渡り合えるようなレベルではありませんでした。

そんな山岳部でしたが、新人が入って初めての山登りのときには、ほとんどの荷物を先輩方が背負っていました。新人の荷物はできるだけ軽くして、山の楽しさを感じてもらおうという配慮です。でも、天気だけはどうにもなりません。これは運、不運で、天気に恵まれて素晴らしい景色の中を歩いた者もいれば、運悪く悪天候にあたってしまい、怖い思いをして辞めてしまう者もいました。

山の初心者に大切なことは、とにかく山登りを楽しむということだと思います。そのためには、一緒に登るパートナーの存在が大切です。天候はともかく、山のことをよく知っていて、経験が豊富で、初心者の気持ちがよくわかる人が理想です。まあ、そんな素敵な人はそんなにたくさんはいないと思いますが。

もし、そういったパートナーが見つからないときは、山岳ガイドの方と一緒に登るのがよいと思います。経験も積んでいますし、山に関する知識、安全に関する知識も豊富ですから、より充実した山登りが経験できるはずです。

◆

最近、自分の登った山の写真や情報をＳＮＳを介して、ここは気をつけましょうと紹介している方を見かけますが私にはできません。なぜなら、写真と短い文章で山を語ることには限界がありますし、そして何よりも登った山一つひとつに、そのときの自分の思いが詰まっているからです。そうした自分にとって特別なものを不特定多数の人には見せたくないというのが正直な気持ちです。

ある宗教家が、人生で何か辛いことがあったとき、誰にも妨げられない逃げ込める場所をもつようにしなさいと言っていました。私にとっては、それが山なのです。

なだらかな山から始めよう

山にはいろいろな形があります。岩肌が切り立った急峻な山もあれば、裾野が広がったやさしい形の山もあります。若い頃や、体力に自信のある頃には、急峻な岩場に憧れたり、少し無理をして高い山にチャレンジしたりしていました。そこには、若い者なりの虚栄心というか、人にカッコよく見られたいという気持ちがあったのだと思います。しかし、少しずつ年をとってくると、裾野が広い雄大な感じの山に憧れるようになってきました。そういう山に登ってずっとなだらかなブナ林を歩いていくと、何か違う世界に入り込むような気持ちになってくるのです。

◆

中高年になって登山を始めるという場合は、やはりなだらかな山、里山の延長線上にあるような山から始める方が大部分でしょう。しかし、低いからと侮ってはいけません。私の生まれた京都の北山*は、なだらかな低山の寄り集まりで、中高年にお勧めです。ところが、山の形がどれもすごくよく似ていて、登山道（木馬道）はその中を網の目のように走っているので、油断していると自分がどこにいるのかわからなくなることがあります。いわゆるリングワンデルング*です。これには注意が必要です。

たとえば冬、雪に覆われた北山は、無雪期にも増してどこもよく似た景色です。そんな山中のある場所で休憩して、みかんなんかを食べたとします。その皮を捨てて歩き出して、そのまま漫然と歩いていると、どこかで見たみかんの皮がある、よく見ると自分の捨てたみかんの皮なのです。これはゾッとします。それほど深

*北山
京都の丹波高地に連なる山地

*リングワンデルング
山中で方向感覚を失い、無意識のうちに円を描くようにさまよう状態

い山ではないのに、ここから抜けられないかもしれないという恐怖さえ感じます。

当時は、GPSなどというものはありませんから、そうなったときには、とりあえず木に登ります。そこから周囲を眺めて、自分の居場所を確認するわけです。こうして自分の居場所を確認して初めて、地図とコンパスが役に立ちます。コンパスと地図だけで冬の北山を自由自在に歩けるようになったら、読図は完璧です。学生の頃、その訓練のために先輩から一人で北山を歩くことを勧められたことを思い出します。

地図を見ながら山の景色を想像する

最初はなだらかな山で、地図を読む訓練をしていくのもいいと思います。国土地理院から出ている5万分の1や2万5000分の1の地図を用意して、それを眺めながら山の状況を想像するのです。ここには広葉樹林が広がっていて、斜度はこれくらいで、この高さまで登ると遠くにはこの山が見えるといった具合に、まずはイメージトレーニングをしておくわけです。そして、実際に山に登ってみる。自分の想像とどれくらい違っているか、どれくらい合っているか、これは登ってからのお楽しみです。

ですから、登る前から山の写真を見てしまうのはどうかと思います。それは、手品のタネを見せられたようで、どこか寂しいじゃないですか。山に登る前には想像力を働かせて、その季節ならではの風景をイメージするのがいいのです。そうした感覚は、山の高い低いにかかわらず、どんな山でも養うことができます。また、なだらかなやさしい山から始めることで、それは比較的安全なトレーニングにもなります。

◆

低い山と高い山の違いは、森林限界があるかどうかです。低い山でトレーニングを積んで、２５００ｍを超える山にチャレンジするとき、森林限界の先にどんな景色が広がっているかは、ものすごく楽しみなものです。

　また、時期が冬であれば、森林限界を越えたらワカン*からアイゼンに履き替えますから、雪をかき分ける必要もなくなり、ようし、ここから行くぞと、気合いの入るところでもあります。このように、森林限界は独特の気分を引き出してくれる、特別な境界線といえます。

登りやすい山、登りにくい山

　当然、登りやすい山、そうでない山があります。初心者の頃は、歩いていれば頂上に着くといった、前述したようななだらかな地形の山が登りやすいと思います。そういう地形であれば、滅多なことは起きません。もし足を滑らせたとしても、ブッシュ*や樹木で止まるようなところです。

それに比べ、道の脇がリッジ*になっていて、落ちたら10mや20mは止まらないというようなところは避けなければいけません。ただ、案外そういう場所では事故は起こらないものです。登るほうも慎重になっているからです。危ないのは、つづら折りの道の片側が崖になっていて、しかも崖が草に覆われて見えない場所です。そういうところで、ちょっと体のバランスを崩してストックを突いてしまう、だけどそこに地面はない、という状況です。これは、注意しなければいけません。

危険な場所の対処法

ガレ場*や鎖場*などの危険がともなう場所は、登山計画を立てる上で、行程の後半にもってくるのはあまりよくありません。持久力が落ちてきたときに、そういった場所を通過するのは避けるようにしたいものです。どうしても通らなければな

＊ワカン
雪上を歩くための現代版かんじき

＊ブッシュ
山道のない地面を覆っている藪

＊リッジ
山稜、尾根

＊ガレ場
石などが散乱した足場が不安定な場所

＊鎖場
登山道などで、登山者が登りやすいように鎖などが張ってある場所

らない場合は、できるだけ元気なときに、あるいは天気のいいときに通過するような計画を立てるようにします。

また、初心者と共に危険な場所を通過する際の注意点としては、とにかく焦らせないことです。元気な状態であれば、梯子を登ったり鎖場をクリアするのは誰にでもできることです。ところが、初心者を含むチームの場合、そのような場所でリーダーがさっさと先に行ってしまったり、うしろから急かされたりすると、一気に状況は怪しくなります。初心者の置いていかれるんじゃないか、仲間の足を引っ張っているんじゃないかという焦りが、事故につながるからです。

こんなときは、リーダーや他の経験者が、大丈夫だよ、ゆっくり行けばいいよと、声をかけることがとても大切です。初心者でも、その言葉で気持ちが落ち着いて、冷静に行動することができるようになるのです。

とはいえ、安全な登山のためには体力が必要です。大町の山岳博物館の横に長野県山岳総合センターがあります。そこでは、体力に合わせた登山をしようという活動を行っています。まず体力測定をして、あなたならこの山を何分で登れるといったシミュレーションを行い、実際に登ってみて、その感覚のズレを確認したり、自信をもってもらうという活動です。

その後5ヶ月間、インターバル速歩を行って体力アップを図り、最初に登った山よりもハードルの高い山にチャレンジして、登山における体力の重要性を実感してもらいます。これが、科学的な根拠に基づいた登山だと思います。

そこでは、経験豊富なガイドさんが面倒を見てくれます。ここまで優秀なパートナーの必要性を説いてきましたが、周りに適任者がいない場合には、こうした登山ツアーを利用するのも一つの方法だと思います。

単独行は山登りの理想形

どんな山でも、登るときにはある程度の緊張感が必要です。怖さを感じなくなってしまっては、それこそ危険です。山岳ガイドの立場からすれば、初心者に少し怖い思いをしてもらうことも必要だと思います。足元が不安定なところ、高度感があるところを歩かせて、うまくクリアできたらほめる。そうした声がけが達成感や喜び、そして自信につながるのです。

忘れてはいけないのは、熟練者が初心者を山に連れていく場合、主役は連れていかれる人だということです。よく山小屋で連れてきた人と、連れてこられた人を見かけますが、大概連れてきた人が、自慢話も含めてしゃべりすぎるようです。主役は連れていかれる人です。その人にちょっとした冒険も含めてよい体験をしてもらい、また山に来たいと思ってもらうことが大切なのです。

私にはよい思い出があります。いろいろと悩みがつきなかった高校生の頃、先輩に初めて岩登りに連れていってもらいました。そこで「おう、お前、結構うまいじゃないか、山登りの才能があるかもしれないぞ」と、声をかけてもらったのです。将来に悩み、少なからず劣等感を感じていた私は、その言葉にとても励まされました。私にとっては、素晴らしいガイド役であったと感じています。

◆

山登りに関して、ガイドやパートナーは非常に重要です。しかし、究極の理想、いちばんカッコいいのは単独行です。ただ、単独行は足をひねったりしたら一発でアウトです。ましてや、人の通らないところを目指しているわけですから、命の保証もありません。それにもかかわらず、なぜ単独行に憧れるかといえば、同行者のことを気にしなくていいからです。

たとえば、一緒に同僚と山に登ったとします。同じ景色を見て、同じ風を感じているとき、その相棒が自分の感覚とはかけ離れたことを口にしたら、どう感じるでしょう。がっかりするというか、寂しい気持ちになるのは間違いないように思います。

山の自然と自分一人が対話するような、そんな気分を味わえるのは単独行だと思います。無論、危険は覚悟しなくてはなりませんが、ある意味、山登りの理想形です。

道なきルートを登る

通常は登山道を歩きますが、沢登りをしているときに前方にどうしても直登できない滝が出てきたりして、それを避けるルートを選択しなければいけない場合は、横の壁を、笹や雑草などの藪をかき分けて登らなければなりません。また、沢登りでなくても、低山で通常登山の対象になっていないような山を目指す場合では、予定していた登山道が廃道になっていたりして、自分で道を探さなければいけない場合もあるでしょう。

このように、ルート変更を余儀なくされた場合の藪漕ぎは、非常に体力を消耗します。下半身だけでなく、腕力も使って藪をかき分けて進むのですから当然です。漕いでいる最中は、うまく抜けられるか不安で苦しい思いをします。しかし、うまく滝を高巻きできたり、稜線の登山道に抜けられたときには、自分たちのルートの取り方が正しかったことに達成感を覚えるのです。

かつて、私の山の先輩が言っていました。人生で先が見えない難局に出くわしたら、山登りの藪漕ぎを思い出せ、漕いで漕いで漕ぎまくれ、いずれ藪から出られるから、と。

楽しく沢登り

前述したとおり、初心者と一緒に山を登るというとき、当然ながら藪漕ぎのようなリスクのあるルートは避けるべきです。まずは山登りを楽しんでもらうことが大切です。

登山における沢登りは、山の中にあって頭上が開放的で、とくに夏場は水の中を歩いたり、泳いだり、小さい滝を登って冷たい水を浴びたり（シャワークライミングといいます）、場合によっては渓流釣りをしたりと、とても楽しいものです。初心者には、このような沢登りのいちばん楽しいところだけを経験してもらい、山登りに対するよいイメージをもってもらうようにします。また、もし沢登りに嫌気がさしたら、すぐに通常の登山道に出られるような谷筋を選ぶといった工夫も必要です。

そうして何度か山登りを経験して慣れてきたら、少し苦労するような山やルートを選びます。そうしたハードルは、山登りをより印象深いものにしてくれます。人があまり登っていない山で藪に分け入り、自分だけの世界に浸って手足を動かしていくと、急に藪が開け、今まで見たこともない景色が目の前に広がる、そうした状況を子供のときに経験した方もいると思います。

前述しましたが、私の育ったところは、田んぼの中に竹藪が点在しているようなところです。当時、竹藪はタケノコを採取して食料にするばかりでなく、物干し竿、柵、かご、ざるなどの日用品にも使われ、あちこちの農家が副収入を得るために所有し、手入れしていた場所です。その中に分け入っていくのは、子供たちにとって大冒険でした。そして、うっそうとした竹藪の向こうの明るい世界にポッと出る、そこでは、今までに見たこともない異次元の世界に入り込んだような気分になったものです。

藪漕ぎのように道なきルートを選択することは、一緒に山に登った人たちと、子供の頃の思い出を追体験できるような喜びがあるのです。

登山計画の立て方

登山計画を立てる上でもっとも重要なことは、自分の体力に合った山に登るということです。

後述する、私たちが開発した「山ウォーク」というアプリを活用していただければ、年齢も男女の違いも関係なく、自分の持久力を測定するだけで、かなり精度の高い登山計画を立てることができます。

それ以外の要素としては、行程の質の問題があります。なだらかな道が多いとか、岩場が多いとかによって、計画の立て方も変わってきます。それは、使う筋肉が違うからです。なだらかなところでは持久力が必要ですし、岩場のようなところでは筋力がなければいけません。まずは自分の体力や筋力を測定して、しっかりと把握しておくことが大切です。

では、自分の体力に合った山をどのように探せばよいのでしょうか。

山岳ガイドブックを見ますと、初級、中級、上級などと分けて紹介していますが、そもそも自分がどのランクに属しているのか、ほとんどの人はわかりません。詳細はあとで述べますが、私たちは、もし自分の体力が正確に測定でき、それに合った山が検索できれば、これは重宝がられるのではないかと考え、「山ウォーク」アプリを開発しました。

このアプリでは、まず、歩行テストによって簡単に自分の体力（最高酸素摂取量）*が測定できます。自分の体力がわかれば、単位時間あたり、どれくらいのエネルギーが出力でき、何メートル登ることができるかがわかります。ですから一日の行程が8時間になるようなコースをデータベースに登録しておけば、自分が登れる山の検索が可能になります。ちなみに、所要時間の内訳は、登りが4時間、下りが3時間。休憩時間は1時間の合計8時間です。

*最高酸素摂取量
運動中に体内に摂取される酸素の単位時間あたりの最大値

現在はｉＰｈｏｎｅ（ｉＰｈｏｎｅ６以降、ｉＯＳ８．３以降に対応）に限られていますが、無料ですので是非ダウンロードして体験していただけたら、と思います。

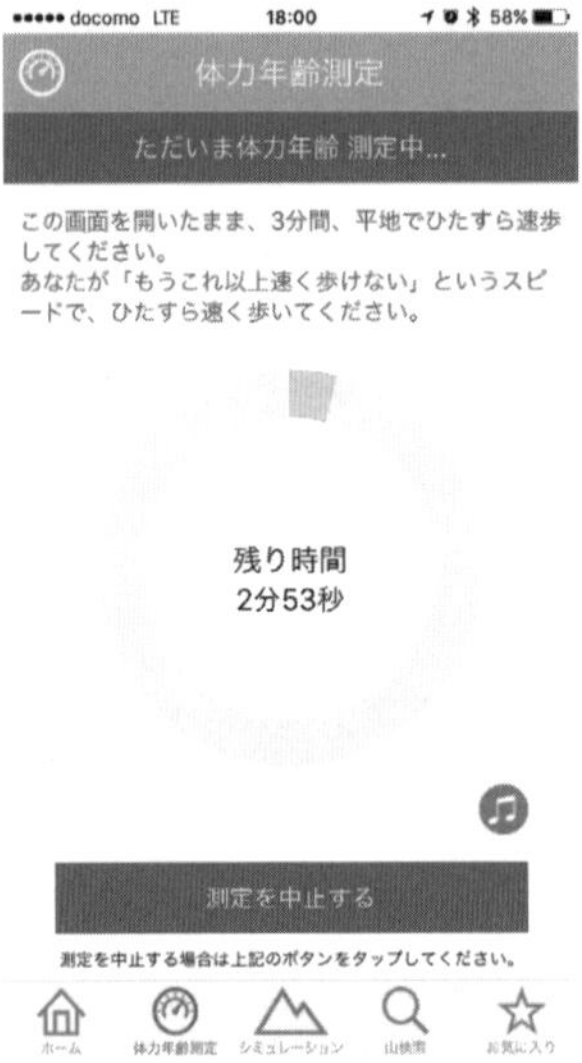

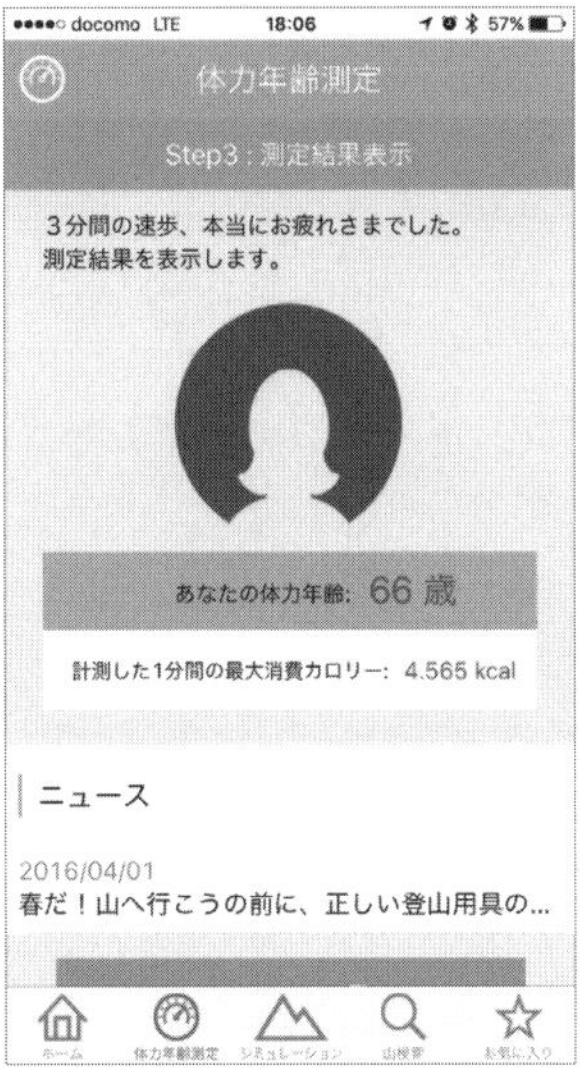

「山ウォーク」アプリを使うことで、簡単に体力を測定することができ、その時点で登れる山がわかります。また、登りたい山を検索して、そのためにはどのくらいの体力が必要かを知ることもできます

column

#02 私にとっての最初の山

二十歳そこそこの夏。山岳部の合宿で剱沢にテントを張り、剱岳周辺で岩登りのトレーニングを行いました。それが、私の本格的な初めての登山です。

そうした本番の前は、地元京都の北山でトレーニングをしました。北山の大原にちょっとした岩場があり、先輩に連れられて岩登りのトレーニングをしたのです。とても気持ちのいいところで、上から見ると三千院や、その他のお寺が見下ろせるのです。授業が終わって夕方暗くなるまで、1本か2本練習していました。

そこは20ｍくらいの岩壁なんですが、うっそうとした北山杉に覆われているので、岩がちょっと湿っているんです。スリップしそうで怖い場所で、少しびびりながら練習していました。それだけに、上まで行くと達成感もありました。いくつかのグレードに分かれていて、ここが終わったら次というようにチャレンジしていくのです。あまりうまくはありませんでしたが、いい練習になったと思います。

夏山合宿の本番でやった剱岳の八ッ峰の岩登りは、今でもよく覚えています。当時はいろいろな大学が剱沢にテントを張っていて、若い頃の負けん気もありますから、目的の岩場に先にとりつこうと、長次郎雪渓を息を切らしながら登っていきました。早朝なのでまだ雪渓に朝日があたらずアイゼンがよく効きます。

最初に入門用として六峰Bフェイスがあるのですが、それにとりつくために、雪渓と岩場のとりつきの間のシュルンド（雪渓などにできた割れ目）を越えなければなりません。最初にそこを飛び越えたときは、緊張のあまり口の中がカラカラになっていました。それでも先輩のリードでなんとか岩登りをやり遂げて下りてきたのですが、先輩から「なんだあの屁っ放り腰は」と、散々バカにされました。それは今でも苦い思い出です。

シュルンドを越えたときの、私の緊張について少し弁解させてもらうと、じつはその岩登りの前日、隣の六峰Cフェイスで、落石事故で亡くなられた方がいたのです。岩場を先行チームが登っている最中に畳1枚分の岩が剥がれ、下から上ってきた後行チームを直撃しました。事故を起こしたのが同じ関西の大学だったということもあって、先輩たちが遺体搬送を手伝いに行きました。

その夜は、テントの中で新人の同級生たちと死について話をしました。山に登るということ、死ぬということ、風の音しか聞こえないテントの中で、目の前の死と向き合っていたのです。怖さと面子の狭間で、前の晩は寝られませんでした。

第3章 山登りにはエネルギーが必要だ

山登りにはエネルギーが必要です。

ここでは、どのようなエネルギーが必要で、
どのくらい疲れるものなのか。
体力的な面から、山登りについて考えていきます。

蓄えておくべきエネルギー

山登りに必要とされるエネルギーは、登る山の高度差で決まります。山登りというのは、頂上に向かって高度を稼ぐことで、位置エネルギーを獲得していく行為ですから、消費する全体のエネルギーの何パーセントを位置エネルギーの獲得に転換できるかというところがポイントになります。

単位時間あたりの獲得位置エネルギー量（E）は、質量（m）、重力加速度*（g）、高度差（h）を掛けたもので決まります。学生の頃にE＝mghという計算式を習ったと思います。質量は体重と荷物の重さを足したものですから、体重が軽く、荷物が軽いほど、また低い山ほど楽に短時間で登れることになります。

これまでの実験から、全エネルギー消費量の20％が位置エネルギーに転換されることがわかっていますから、位置エネルギーの値を0.2で割ったものが、登山に

*重力加速度
高さと質量の積から位置エネルギーをもとめるための係数

必要とされた全エネルギーの消費量ということになります。

このように説明すると読者の中には、急峻な山を登る場合と、なだらかな山を登る場合とでは、水平の移動距離が違ってくるが、その違いはどうなるのかと、疑問をもつ方もいると思います。それはこういうことです。

通常の山の傾斜は、たとえば1500m水平移動して500m高度を獲得するというパターンが多いようです。それ以上の傾斜になると、登山道がつづら折りになっていますから、結局同じ傾斜で登ることになります。詳細は省きますが、1500m水平で移動するのにおよそ70㎉を必要としますが、500mの高度を稼ぐためには500㎉が必要です。すなわち、水平距離を移動するのに必要なエネルギーは、高度を獲得するのに必要なエネルギーに比べ極端に少なく、全エネルギーの消費量に与える影響はそれほど大きくないということです。

このことから、登山口から頂上までの高度差がわかれば、登山の際の総エネルギー消費量はほぼ推定することができます。
ただし、急峻な山となだらかな山では筋肉に供給するエネルギーを生み出す仕組みが異なるので、それには注意が必要です。

なだらかな山を、負担の少ない快適なルートを選んでゆっくり登っているときには、十分な量の酸素を消費しながら移動することができます。これに対し、急峻な山で、岩にとりついて登るような場合には、酸素を消費しながら登ったのでは動きが間に合いません。そんなときは、酸素を使わない代謝系が働きます。そうすると、腕や足の筋肉に乳酸*がたまり、早々に力が入らなくなってきます。その違いは、車であらわすとよくわかります。

なだらかな山を登っているときは、車でいえば一定の速度でゆっくりと走っている状態です。これに対し、急峻な山ではアクセルを吹かし、エンジンの回転数を上げる必要があります。すると当然、燃費は悪くなり、体に蓄えられている燃料をすぐに使い果たしてしまいます。それは、体がバテた、という状態と同じで

*乳酸
激しい運動などによって糖が利用される過程で生成される物質

す。

ポイントは、どれくらいの大きさのエンジンと燃料タンクを積んでいるかということです。それらが大きければ、吹かした状態でも、ある程度余裕をもって進むことができます。一方、それらが小さいと、ゆっくりと走っていてもバテるのは早いということです。

寒いとき暑いとき

山登りでは、季節や高度によってさまざまに気温が変化します。そうした気温の変化は、体にどのように影響するのかを考えてみましょう。

秋や冬にかけての登山では、寒さへの対策としてウエアを重ね着します。ウエアを重ね着すると、山登りの運動中は汗をかきます。しかし、休憩中、体温が下がると汗が肌と衣服の間で結露します。そうなると、水は空気に比べ20倍ぐらい熱の伝導度が高いので急速に体温を奪われます。さらに、風が強いと肌と衣服の間の空気層が維持できず熱放散が促進され、最悪、低体温症*になります。

それを防ぐには、寒い場所ではウエアの着脱をこまめに行い、できるだけ汗をかかないということ、ウインドブレーカーなどで、肌と衣服の間の空気層を維持することが重要です。

◆

登山というと、涼しい環境でのスポーツという印象があり、熱中症など起こらないのではないか、と思う読者もいると思います。しかし、疫学調査によれば、登山は熱中症の発症頻度がかなり高いスポーツなのです。それを防ぐためには、他のスポーツと同じように水分の補給が大切です。

とくに山で問題となるのは、給水のできる場所が限られているということです。

*低体温症
体温が異常に低下した状態。時には生命の危険をともなう

川や湧き水などをうまく利用しないと、登山の行程で必要な水をすべて背負って登らなければいけなくなってしまいます。位置エネルギーを獲得する上で、質量（m）の値が上がることは、できるだけ避けなければいけません。そこで、水場の位置を事前に確認する作業が必要になってくるわけです。

高い山では、夏の間はまだ雪渓が残っていますから、それほど心配ありませんが、9月、10月になると雪渓が全部解けてしまうので、気をつけなければいけません。逆に冬場になれば雪を溶かして対応できるので、稜線でも心配ないといえます。

日常生活で、とくに激しい運動をしていなくても、私たちは、1日1・5ℓの水分を摂取しなければなりません。登山中には汗をかくので、一日あたりの必要水分量は3〜4ℓにもなります。そんな量の水を持って山を登るのは困難です。どんな場合にも現場での水の確保を忘れないようにすることが大切です。

環境温と暑さ、寒さの感覚

人間には、裸体でじっとしていれば暑くも寒くも感じない環境温というものがあります。その環境温では、無意識に行われる皮膚の血管の開け閉めだけで血流を調節し、皮膚の表面からの放熱量を調節して、体温を一定に維持することができます。それには、ほとんどエネルギーを使いません。この環境温は、28℃から32℃の範囲で、中性温領域とも呼ばれます。

パプアニューギニアなどの熱帯のジャングルの中で、原住民がほとんど年中裸で暮らせるのは、その地域の気温がその範囲内にあるからです。

この環境温に対し、気温が28℃以下になると私たちは寒いと感じます。そして、皮膚の血管を閉めるだけでは放熱量を抑えきれなくなり、体温が下がり始めます。

それでは困るので、まず体内で熱を作り出し、体温の低下を防ごうとします。これは「非ふるえ熱産生」と呼ばれる、無意識で体内での熱の生産量を増加させる仕組みです。寒いところでも薄着で平気な方がいますが、それは、このメカニズムが発達しているからです。

さらに体温が下がってくると、「非ふるえ熱産生」では間に合わなくなり、いよいよ「ふるえ熱産生」が起こります。これは、筋肉のリズミカルな収縮によって起こり、まず、口と顎周辺の筋肉から始まります。そして、そこから全身に広がっていくという特徴をもっています。寒くなるとガタガタと震えがきて、歯の根が合わなくなるという状態です。

「ふるえ熱産生」は通常の筋肉の収縮とは異なり、屈曲筋と伸展筋が同時に収縮するため、筋肉は外に対して何かを動かしたりといった仕事をすることはありません。その筋収縮に使われたエネルギーはすべて熱に変換され、体温を維持するために使われるのです。

一方、気温が32℃以上になると、じっとしていても汗が出始めます。気温が皮膚温に近づいてくると、皮膚の表面と大気の温度差で熱を逃すことができなくなるので、汗をかくことが体温調節の最後の手段となるからです。汗が皮膚の表面から気化するときに熱を奪うので、気温が皮膚温より高くなっても体熱を逃すことができるというわけです。

初夏の東京で、一日の最高気温が32℃以上になったときに熱中症で救急搬送される方が急増します。その理由は、気温が皮膚温以上に上がって、体温調節を皮膚の血流から汗をかくという手段に転換しなければいけないのに、まだ暑さに慣れていないせいで、それがスムーズにできないからです。そのため、熱中症になってしまうのです。

◆

人類は、汗をかくことで熱を放散するという機能を得たおかげで、熱帯に住むことができるようになりました。たとえば、砂漠の気温は50℃に達しますが、そこまで高くなると、皮膚血流による熱放散のメカニズムは役に立たないどころか、逆に体内に熱が流入します。そこで、砂漠に住む人たちは衣服を着込み、汗をかくことで体内の熱を逃しているのです。その服は、妊婦のムームーのように衣服の裾と首下がオープンになっていて、下半身から首下に向かって乾燥した空気が抜けるようになっています。それによって効率よく汗を蒸発させることができるのです。

◆

このように、中性温領域より気温が低くなっても、高くなっても、体温を一定に保つためにエネルギーを使います。こうした体内の働きによる体温調節に対し、寒いところにいて裸で震えているのではなく、衣服を着込んだり、暖かい場所に移動する。あるいは、暑いところで汗をだらだらとかいていないで、もっと涼しい場所に移動するといった体温調節の方法を、「行動性体温調節」といいます。

私は本書で、登山中、衣類をこまめに着脱することを推奨していますが、これは、衣服と肌の間の環境を28℃から32℃の中性温領域に保つための行動です。こうした行動によって、余分なエネルギー消費を抑えることができるのです。最近、一般的になったゴアテックスなどの高機能防水透湿素材は、さらに、微小空間の湿度を下げることで皮膚表面からの汗の蒸発を助け、「蒸れ感」をなくし、快適に登山をするのに優れた機能を発揮してくれます。

山登りはどのくらい疲れる?

山登りはどのくらい疲れますかと聞かれたとき、その答えを導き出すためには、疲れるということの定義が必要です。簡単にいえば、疲れた状態というのは、自分がもともともっているエネルギーから消費したエネルギーを引き、その残量が少なくなってきた状態といえます。車でいうところのガス欠です。

登山のような、ややきついと感じる強度の運動の際中は、筋肉に蓄えられたグ*リコーゲンを、エネルギー源のほとんどに利用します。このとき、脂肪は全体のエネルギー消費量の30％しか利用しません。ただし、脂肪を燃やすためにもグリコーゲンが必要となるので、グリコーゲンの量が山登りという運動を支えているということになります。したがって、山登りで位置エネルギーを獲得していくためには、筋肉にグリコーゲンをたくさんためることが必要なのです。これは、車が大きいガソリンタンクを積んでいる状態と同じです。

では、体に蓄えている脂肪は何のためにあるのか、ということになりますが、登山のような激しい運動後には、安静時の酸素消費量が数時間にわたって上昇します。このとき、脂肪が燃焼し、これと食事に含まれる炭水化物と蛋白質によって、筋肉で消費したグリコーゲンが回復し、登山中に損傷した筋線維も修復されるのです。運動後に体がぽかぽかと感じたり、大腿部に手を当てると少し温かいのは、そのためです。

また、このような「ややきつい」と感じる運動を続けていると、筋肉が太くなっていきますが、安静時の筋肉が何も代謝していないかというと、そうではありません。筋肉は、いつでも動けるようにアイドリングをしているのです。このとき、体内の脂肪が燃やされます。ですから、登山に限らず、1週間にトータルでたった60分程度のややきつい運動をするだけで、5ヶ月で筋力が10％増加し、脂肪が燃えるため体重が3kgも減ることになるのです。

筋肉はエンジン、心臓は燃料ポンプとラジエター

グリコーゲンを蓄えた筋肉は、エンジンのピストンに例えることができます。これに対し、心臓は燃料ポンプとラジエターの働きをしています。先ほど、筋肉

*グリコーゲン
動物デンプン、ブドウ糖を構成糖とする多糖

の中にどれだけグリコーゲンをため込めるかがポイントだといいましたが、そこに酸素（燃料）を送り込み、実際にエネルギーを作り出す役割を果たすのが心臓です。この二つが高機能であれば、山登りにも余裕のもてる体力が備わっていることになります。

◆

ここで筋肉の質の違いについて考えてみましょう。外から見ても明らかに盛り上がっているような筋肉をもったマッチョな人の場合、その筋肉の多くが白筋と呼ばれる速筋です。この速筋は、岩登りのような瞬発力を必要とする場合にその威力を発揮します。

筋肉の収縮はアデノシン三リン酸（ATP）と呼ばれる化学物質によって行われますが、速筋は、そのATPの産生スピードがあとで述べる遅筋に比べ3倍も速いため、瞬発的に大きなパワーを出すことができます。ただし、1分子のグリコーゲンから生成されるATPは2分子だけ、さらに具合の悪いことに、乳酸もたくさんたまるため、疲れやすい筋肉であるといえます。

もう一つは赤筋と呼ばれる遅筋です。これは筋肉が収縮するのに酸素を使用します。速筋に比べ、1分子のグリコーゲンから生成されるATPは36分子で、非常に疲れにくい筋肉であるといえます。ただ、遅筋が働くためには酸素が必要ですから、それを供給するための心肺機能の能力も大きく影響してきます。

酸素の使用量が少ない速筋、酸素を多く使うが効率的な遅筋、山登りにはどちらの筋肉も必要です。

もう一つのポイントは、マッチョな人は、体重が重いということです。体重が重いので、いかにパワーがあっても、それが実際の、効率よく高度を獲得するという登山の能力に直結しないのです。こうして、一つの要素だけでは計れないところも、面白いところだと思います。

＊アデノシン三リン酸（ATP）
生体内に広く分布し、リン酸1分子が離れたり結合したりすることで、エネルギーの放出・貯蔵、あるいは物質の代謝合成を行っている化学物質

体力的に厳しい中高年

中高年者は、自分の体力が落ちてきていることに気づかない、または気づかないふりをしている方が多いようです。現実的に30歳以降、10歳年をとるごとに5から10%ずつ、体力は落ちていくのです。それは、老人性筋萎縮症*、または加齢性筋減少症と呼ばれるものです。

筋肉が減少するということはどういうことかというと、車のエンジンが少しずつ小さくなっていくのと同じ状態です。具体的には、グリコーゲンの蓄えられる量も減っていくわけですから、ガソリンタンクが小さくなり、エンジン自体もこれまで排気量3000ccの高性能車だったものが、600ccの軽自動車に変化していくようなものなのです。

それでは、このような筋肉の減少をなぜ自覚できないのでしょうか。それは、私たちは日常生活の中で、最大体力の70％以上の運動をすることがほとんどないからです。ただ歩いているだけでは、筋肉の減少を感じることはできません。時間に追われて地下鉄の階段を急いで上り下りしたとき、息が切れて初めて感じるということも少なくないでしょう。

こうした体力の低下は、筏に乗って川上から川下へゆっくりと流されていく状態と同じです。何もしなければ年間1％ずつ、確実に体力は落ちていくのです。その事実に例外はありません。こうした状況に打つ手はただ一つ、運動トレーニングをすることです。少しずつ川に流されるのであれば、それに抗って自分の力で上流に向かって筏を漕ぎ、それを食い止めるしか手立てはありません。体力の衰えを感じ始めたときが、運動トレーニングの始め時です。

トレーニングは、後述するインターバル速歩など、少し乳酸が出るような運動を週に60分やるだけで大丈夫です。それを5ヶ月間続けることで、体力は10％アップします。つまり、10年前の体力に戻ることができるということです。

＊**老人性筋萎縮症（加齢性筋減少症）**
加齢現象の一つ。全身性、進行性の骨格筋量および骨格筋力の低下

登山に体力は欠かせません。そして、中高年の方の山の事故の多くが、自分では気づかない体力の低下が主な原因だといえます。やっかいなのは、若い頃の登山の記憶です。この山はこのくらいのスピードで登ったなとか、このときは大してきつくなかったな、という昔のよいイメージをもっている中高年が多いのですが、それが山での遭難につながるのです。

◆

加齢によって衰えているのは、体力だけではありません。暑さ、寒さを感じる感覚や体の柔軟性も確実に衰えていきます。また、とっさのときの反射の能力も衰えています。そうしたことを自覚して、体力や体の柔軟性を高める運動トレーニングにトライしてみてください。反射機能や認知機能をテレビゲームなどで確認することもできるようになりました。運動トレーニングで体力が向上すれば、それらの機能も改善することが期待できます。

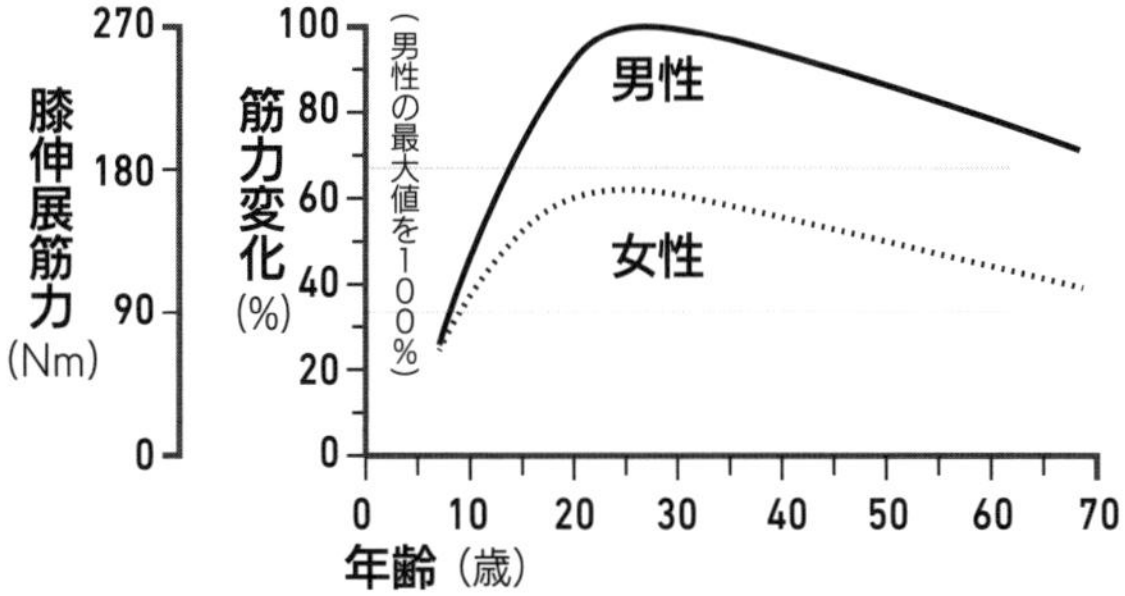

図1：膝伸展筋力の加齢変化

『山に登る前に読む本』（講談社）P54から引用

中高年は決断力も鈍る

体力や柔軟性、瞬発力に加えて、中高年になると欠けてくるのが決断力です。なんだか衰えていくものばかりで寂しくなってきますが、こればかりは仕方ありません。なんとかそうした衰えを食い止める努力を始めましょう。

山登りでは、つねに素早い判断、決断が求められます。天候によるルートの変更、同行者の体力に合わせた行程の変更など、すぐに決断を下さないとその状況はどんどん悪い方向に進んでしまいます。中高年になると、この決断力も鈍ってくるのです。

それでは、決断力を回復するためには何をすればいいのでしょうか。それもやはり、運動トレーニングです。詳しい理由はわかっていませんが、運動トレーニングを行うと、筋肉が作り出すホルモン様物質によって脳の中にBDNF*（脳由来神経栄養因子）と呼ばれる物質が生産され、それが脳の活動を活性化させるのではないか、と考えられています。これまでの研究で、うつ傾向の人は、このBDNFの数値が低い傾向にあることがわかっています。ですから、運動トレーニングによって体力がアップすると脳も活性化し、うつ状態も改善することが期待できるのです。

最近、日常生活や会社でも、すぐに物事を決断できなくなったという人は、やはり運動トレーニングを始めたほうがよさそうです。前述したように、山では決断の早さが生死を分けます。これからも登山を楽しみたいという方は、体力アップのため、決断力アップのために、今すぐ運動トレーニングを開始してはいかがでしょうか。

＊BDNF（脳由来神経栄養因子）
脳細胞に作用し、その生存・成長・シナプスの機能亢進に必要な液性タンパク質

山ガール万歳

最近では、山ガールと呼ばれる山登り愛好女子が増えているようです。個人的には、これは好ましい傾向だと思います。山ガールのおかげで、山がきらびやかになりました。そして、それにつられて、今では少なくなった若い男性の登山者も増えるのではないかと期待しています。山登りが従来のように特別な物好きがやるスポーツではなく、レクリエーションの一つとして一般に普及していけば、こんなにうれしいことはありません。

さて、このように山ガールが増えてきた背景には、いくつかの原因が考えられます。その一つは、山登りに必要な装備品が発達したことでしょう。

まず、ウエアが軽くカラフルになりました。ゴアテックスをはじめとする高機能防水透湿素材が発達し、軽くて暖かい、しかも、汗などの水分の蒸発を助けるといった機能が当たり前のものになりました。また、ウエアのバリエーションが広がり、女性向けのおしゃれなものが増えたことも大きな要因だと思われます。

以前はウエアなどの装備は重く、キスリング（綿帆布でできた横長ザック）などの大きなザックが必要でした。それが、さまざまな登山用具、食品などの発達により、非常に軽装で、女性や体力の比較的低い人でも、機動力をキープした状態で山登りにトライできるようになったのです。

また山小屋が整備され、それを利用すれば、あまり重い荷物を背負わなくても簡単に、しかも快適に希望する山に行くことができるようになったことも山ガールが増えた要因でしょう。

◆

私の学生の頃にも、山ガールのハシリのような人がいました。当時、私たちは、京都の北山で岩登りの練習をするのが常だったのですが、あるとき、六甲山の芦屋ロックガーデンに行ってみようと仲間の一人が言い出しました。ロッククライミング発祥の地である六甲山で岩登りを体験したいというのは表向き、本心は、高級住宅街の芦屋のあたりに行けば素敵な女性に出会えるかもしれない、という下心です。

その下心は、見事に当たりました。私たちが、いつもの調子でザイルを張って仲間同士大声を出して登っていると、とても登山のときに着るとは思えないセンスのいいスラックスとブラウス姿の女性があらわれ、「ちょっと、夕方の散歩がてら岩登りのトレーニングに来たのぉ」といった調子で、10mの垂直の壁をノーザイルでスイスイ登っていったのです。

岩登りといえば、挑戦、度胸試しといった精神世界にどっぷりつかっていた私たちには、その光景がとても新鮮に感じられ、40年たった今でも鮮烈に覚えています。今、山ガールというと、その記憶がよみがえってきます。

女性の身体的特性

男性と比較した場合、一般に女性は筋肉が細く、速筋が少ないのが特徴です。ですから、瞬発性の高い運動は男性に比べて劣るといわれています。逆に脂肪を燃やすような、ゆっくりとした運動に関しては、それほど差はないと考えられます。

また、体温維持にも男女差があります。体の表面積とボリュームの比率を考えたとき、体が小さい女性のほうが、体の体積に比べて表面積の比率が高くなるということです。体の体積は筋肉量、すなわち熱を生み出す容量をあらわし、体表面積は熱を発散する容量をあらわします。

もう少し、理屈っぽく説明してみましょう。

私たちの身長をＬ㎝とすると、おおよその体積は、L^3 ㎤であらわすことができます。同様に、表面積は$L^2$$\mathrm{cm}^2$であらわせます。ですから、放熱容量*／産熱容量*＝1／Lとなります。すなわち、身長の高い（Lが大きい）動物ほど1／Lが小さい値となり、産熱が放熱を上回って高体温になりやすいということです。逆に、身長が低い（Lが小さい）動物ほど放熱が産熱を上回り、低体温になりやすい、ということになります。

　ですから体温を一定に保つために、ネズミのような小さい動物はゾウのような大きい動物に比べて単位組織重量*あたりの代謝が高く、産熱量を高くする必要があるのです。

　ちなみに、女性は男性に比べ、体格が小さく、体重（体積）あたりの体表面積が高くなります。それなのに、単位組織体積*あたりの代謝量は差がありません。その結果、図2で示すように、女性では、体表面積あたりの（基礎）代謝量が男性に比べ低く、山で気温が下がると低体温症になりやすく、注意が必要です。

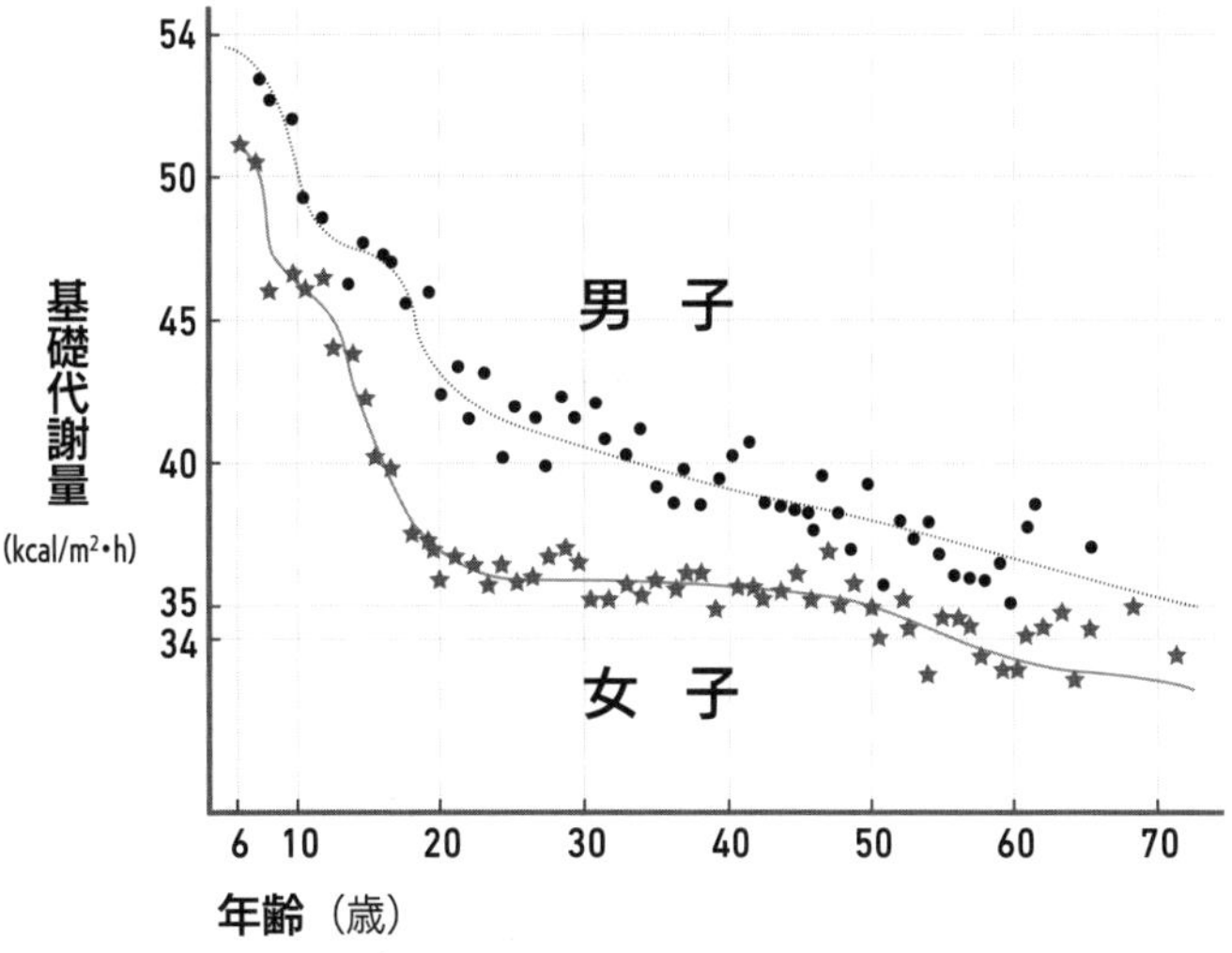

図 2：基礎代謝量の年齢的推移と性別差異

彼末一之、能勢 博（編）『やさしい生理学』（改訂第６版）
2011、南江堂・東京 P.123 から引用

＊放熱容量
個体の持つ放熱（皮膚血流量・発汗に依存）の最大能力

＊産熱容量
個体の持つ産熱（骨格筋量に依存）の最大能力

＊単位組織重量
体組織で水分を排除した乾燥重量で通常g（グラム）であらわす

＊単位組織体積
水分を含んだ組織の体積で、通常㎤（立方センチメートル）であらわす

column

#03
山の天気は変わりやすい

山の状況を左右するもっとも大きな要因は天気です。大概の山登りは、天気さえよければ余裕をもって行動することができます。天候が問題なのは、その状況がコロコロと変わるというところです。そのため、素早い判断力が必要になるのです。

私が学生の頃の話ですが、冬山を登っていて吹雪いてくると、新人でなくても不安になります。そんなとき、上級生はどうしたかというと、まずツエルトという簡易テントをかぶって視界を遮るのです。そして、その中で湯を沸かし、甘い紅茶を入れてそれを新人に飲ませます。外は猛吹雪でも、それだけで落ち着いて冷静な判断を下せるようになるのです。吹雪の中では、絶対にいい対策は浮かんできません。ですから、一旦視界を遮り甘いものを摂取して、みんながリラックスできる環境を作ることが大切なのです。

私が天候の変化でうろたえたといえば、春の飯豊連峰を縦走していたときの「事件」を挙げることができます。前日、予定の行程を終え、尾根のどこにテントを張るか見回していると、ちょうど雪のモレーンのような場所がありました。ここなら風も防げると思い、そこにテントを張ったのですが、夜半に何か息苦しさを感じて目を覚ましたら、なんとテントの天井が目の前にあったのです。グラスファイバーのポールを折り曲げて、形を維持するドーム型テントでしたが、それが雪の重さでひしゃげたのでした。あわてて飛び起きて外に出たら、雪原に自分が這い出した穴がポッコリ開いていました。

さらにあわてたのは、昨晩、寝る前にテントの外に置いたはずの荷物の場所がわからなくなったことです。食料、登攀用具などがすべて入っている荷物です。焦りまくって仲間であちこち掘り返して、見つかったときは、心底ホッとしました。

◆

夏場でひどい目にあったのは大学4年、山岳部の仲間と黒部の源流から黒四ダムまで泳ぎながら下ったときのことです。3日目の日程を終え、いよいよ翌日ダムに到着というとき、どこにテントを張るかということになりました。結局、岩だらけの河原を避け、流れに近い砂地にテントを張ったのですが、これが間違いの元でした。

夜半なってテントを打つ雨粒の音が聞こえましたが、疲れていたので気にせずに寝ていると、突然、体がふわっと浮いてきました。そうです、川の水かさが増して、テントは流される寸前だったのです。急いで荷物をまとめ、流れを渡って川の中州に行ったのですが、そこに閉じ込められてしまいました。このまま鉄砲水でも起これば、ひとたまりもありません。仕方がないので流れにザイルを張り、それを頼りに、もと来た岸に渡ることにしました。

元気な下級生の一人が、「僕、いきまーす」と立候補し、ザイルを張るために最初に渡ることになりました。ところが、流れを渡ろうとして岸から2、3歩踏み込んだところで足をすくわれ、ザイルの長さいっぱいまで流されて見えなくなってしまったのです。

そのとき、「なんとかしなくては」と思った私は、とっさにピンと張ったザイルを右脇に挟んで流れに入りました。そこまではよかったのですが、私もあっという間に足をすくわれ、流されてしまいました。濁流の中で「ああ俺の人生、意外と短かったなあ、おかあちゃんごめん」と観念しかけたその瞬間、先に行った後輩にドンとぶつかり水の中で絡まっていたら、どういうわけか、偶然ザイルが本流から振れ、二人とも岸に打ち上げられたのです。

もし、私が脇に挟んでいたザイルが外れていたら、おそらく、黒四ダムの湖で土左衛門になっていたでしょう。

前述した飯豊連峰、上の黒部上ノ廊下での「事件」は、天候への判断ミスが招いた結果です。晴れていれば、まったく問題なかったはずです。そして後者は、今、生きているのが不思議、と思わせるほどの事件です。
「河原にテントを張るな」。登山のイロハを無視した天罰だと思います。

第4章

山登りに必要な基礎体力

持久力や筋力、安全に山を登るためには
基礎体力を養わなければいけません。
柔軟性を高めるストレッチングもとりあげて、
山で困らない体力とはどんなものかをご紹介します。

持久力について

運動生理学では、持久力は最高酸素摂取量*で評価されます。それは、自動車のエンジンの大きさのようなものです。その決定因子として挙げられるのは心臓です。それともう一つ、筋肉の中に、どのくらいの速度で酸素をとり込むことができるかです。持久力は、この二つの要素で決まってきます。

ヒトの心臓の働きを決めているのは、じつは血液量だ、というのはご存じでしょうか。心臓はよく市販のポンプに例えられますが、大きく異なる点が二つあります。一つ目は、ポンプは井戸から水を汲み上げますが、心臓はポンプのように、その位置から低いところの血液を吸い上げることはできないということ。もう一つは、心臓に戻ってくる血液量が多ければ多いほど、心臓が一回に拍出する血液も多くなるということです。マラソンなどのトップアスリートは、血液量が多く、

*最高酸素摂取量
運動中に体内に摂取される酸素の単位時間あたりの最大値

心臓も大きいのが特徴です。

下半身にたまっている血液は、下肢の筋力によってポンピングされ静脈を経由して心臓に戻ってきます。静脈には弁があり、これによって血液は逆流しませんから、下半身から着実に心臓へと戻ってきます。こうしてたくさんの血液が戻ってくると、心臓はしっかりと働きます。大きい心臓は、戻ってくる血液量が大量でも、それに対応することができるのです。

こうしたアスリートは動脈だけでなく静脈も太く、たとえ全血液量が多くても、その70%をためておくことができます。よく運動している人は、前腕の静脈が浮き出て見えますが、それは、静脈の容量が大きく、そこに血液がたまっているからです。そのような人は、全血液量も多いと考えてよいでしょう。

血液量は、トレーニングによって増やすことができます。何も運動しない人の場合、血液量は体重の7%くらいですが、マラソンのトップアスリートになると、じつに14%もの血液をため込んでいます。

普通の人でも、あとで述べる「インターバル速歩」のような、本人がややきついと感じる運動トレーニングをすれば、徐々に血液量を増やすことができます。

体温調節能について

登山中は、結構、汗をかきます。その量は、1000mぐらいの登りで1・5ℓ程度でしょうか。この量の汗によって、体は脱水状態になり、運動パフォーマンスが低下します。すなわち、1500㎖の脱水によって血液量がその10%(150㎖)程度低下して、心臓への血液の戻りが少なくなり、心臓が1回収縮することによって拍出できる血液量が低下するのです。その結果、心臓は心拍数を増加させてそれを補おうとします。そして、心拍数の増加は、そのまま、主観的な運動強度に反映しますから、脱水前に比べて「ああ、疲れたなあ」という気分になります。それを防ぐために水分補給が必要ですが、汗によって失った塩分、さらにブドウ糖を併せて補給すれば、より効率的に血液量を回復することができます。
しかし、登山中に補給できる水分量は限られているので、もともとみずみずしい体にしておいて、血液の水分量（血漿量）を増加させておくのが圧倒的に有利だといえます。

体をみずみずしく保つ方法として、私たちはインターバル速歩のあと、30分以内にコップ1～2杯の牛乳か、それに相当する乳製品を摂取することを勧めています。

じつは、インターバル速歩のようなややきつい運動のあと、30分から1時間は、筋肉、肝臓での蛋白合成が亢進しています。このタイミングで蛋白合成の材料である蛋白質（アミノ酸）を多く含む食品（乳製品）を摂取すると、筋肉では筋線維合成、肝臓ではアルブミン*合成が亢進します。

とくに、肝臓で合成されたアルブミンは血液中に放出されますが、アルブミンは高分子のため血管外には出ていきません。その結果、血管外から水分を引き込んで、血漿量を増加させ、体温調節能（皮膚血管の開きやすさ、汗のかきやすさ）

が50％程度改善することが明らかになっています。

この効果は、10日間程度で出現しますので、本番の登山の前に、是非、試していただけたらと思います。

筋力について

筋力には、収縮力、パワー、持久力があります。収縮力とは、重量挙げ、短距離走、飛び込みなど、10秒以内で発揮される瞬発的な力です。パワーというのは、もう少し働く時間の長いもので、中距離走、野球のベースランニングなどがそれに相当します、収縮力が岩をよじ登るときの瞬間的な力だとすれば、パワーは、1分もしくは2分以内の収縮で、たとえば雪崩の起きそうなところを駆け抜けるといったときに必要な力です。この二つは、酸素を利用しませんが、乳酸を産生するために、非常に早く疲労します。オリンピックで正式種目となったボルダリ

*アルブミン合成
血漿中の蛋白質の70％を占め、その低下は血漿量の減少、全身浮腫などを引き起こす

ングなども、収縮力、パワーだけで問題なく戦える種目だと思います。一つ問題なのは、体重との兼ね合いです。当然、筋肉をつければ体は重くなりますから、そのバランスも考えることが大切です。

こうした筋肉の収縮力、パワーに対して、一般登山者に必要とされるのが持久力です。通常の登山では、それほどアクロバティックな運動をするわけではないので、筋肉量はそれほど必要としません。しかし、酸素を必要とするので、筋肉に酸素を供給する心肺機能や、筋肉における高い酸素利用速度が要求されます。

平衡感覚・姿勢・柔軟性

筋力や持久力に加え、登山に必要とされるのが平衡感覚、バランスです。岩登りはもちろんのこと、足場が不安定なところや、左右に傾いた道を登っていく際には欠かせない要素です。

平衡感覚は通常、目から入ってくる情報と、内耳の三半規管から入ってくる情報を統合して決定されます。自分の平衡感覚に目からの情報がどれくらい関与しているのかは、目をつぶり、片足で立ってみるとすぐにわかります。この状態で何秒もつか、計ってみましょう。20代で90秒、40代では50秒が平均的な数値です。

このような視覚と三半規管の平衡感覚に加え、姿勢感覚を司っているのが筋肉の中にある筋紡錘*です。そこから脳へ、今どの部位の筋肉がどれくらい縮んでい

*筋紡錘
骨格筋の内部にある紡錘形の受容器で、筋肉の伸展度を脳に伝える

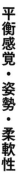

るかという情報が送られて、体全体の姿勢がわかるようになっているのです。バランスを崩すと、各筋肉のゆるみ具合などを調整して、姿勢を保とうとするわけですが、そういった反射系の動きも年齢とともに鈍ってきます。

◆

しかし、こうした衰えは体力と同じで、トレーニングを行うことによって改善することができます。また、岩場など、足元が不安定な場所を歩く山登りも平衡・姿勢感覚の改善にうってつけのトレーニングだといえます。

あとは柔軟性です。柔軟性がなくなってくると、怪我をするリスクも高まるので、ストレッチなどで改善しておく必要があります。以前はアキレス腱などを伸ばすとき、リズミカルに力をかけていましたが、そうすると筋肉は反射的に縮もうとするため、逆効果です。ストレッチはゆっくりと、少しずつじわーっと行うことがポイントです。

それでは、続いて基本的なストレッチを紹介しましょう。

基本のストレッチ

ここでは、身体各部の基本的なストレッチを紹介します。

1 腕、肩、背中上部のストレッチ

足を肩幅に開き、両手を組んで手のひらを上に向け、頭の上にもっていきます。このとき、腕を少しうしろに引き、腕、背中をしっかりと伸ばします。

ストレッチのここに注意

- それぞれゆっくりと10〜20秒伸ばします。
- 反動をつけないように注意します。
- ストレッチは息を吐きながら行います。
- 痛みを感じる手前でやめるようにします。

2 体側のストレッチ

足を肩幅に開き、両手を上げ、右手で左手の手首を握ります。その状態から、ゆっくりと左手を引っ張りながら体側を伸ばします。

反対側も同様に行います。

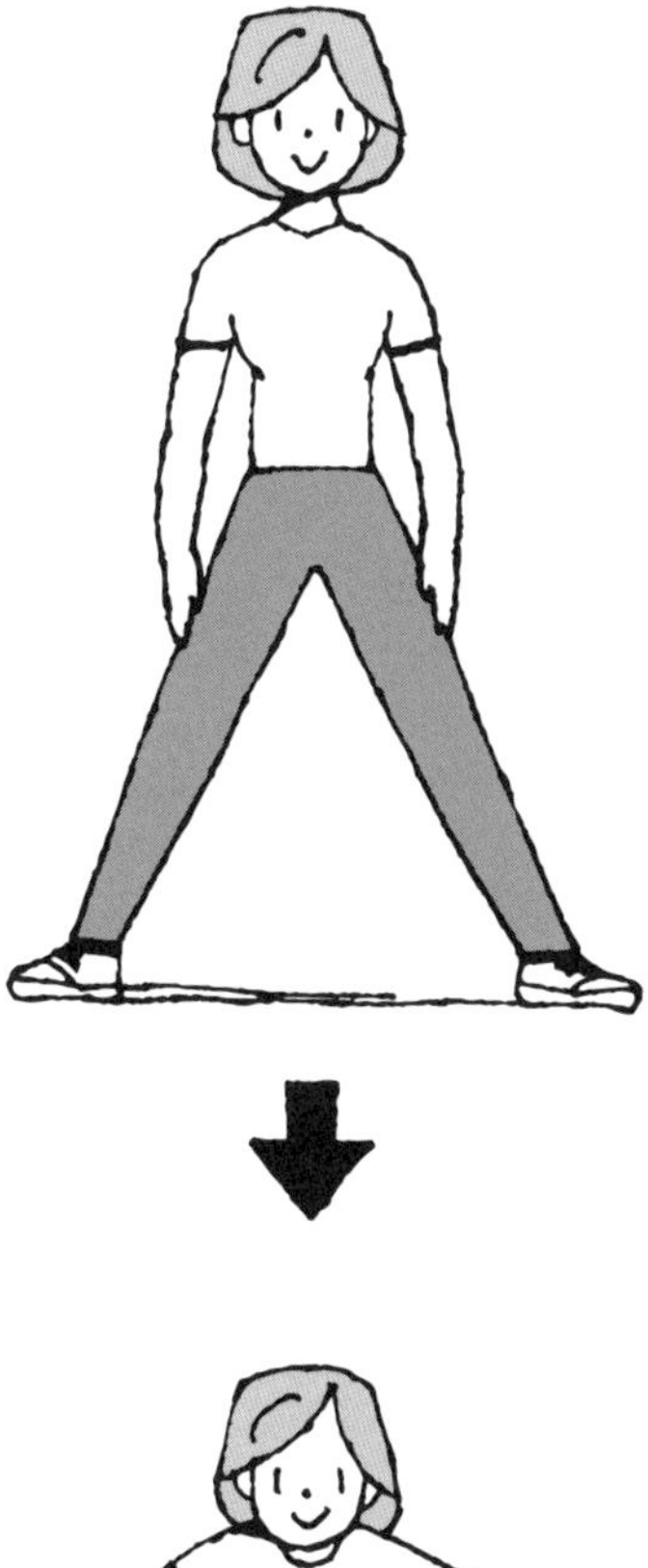

3 股関節、太もも内側のストレッチ

肩幅よりも広く足を開きます。膝をゆっくりと曲げ、両手を太もものあたりに添えます。その状態からゆっくりと腰を落とし、太ももの内側に張りを感じるまで伸ばします。

4 股関節、肩、腰のストレッチ

股関節、太もも内側のストレッチの状態から、左肩を前に押し出します。左手で左の膝を外側に押すようにして、上体を右へひねります。

反対側も同様に行います。

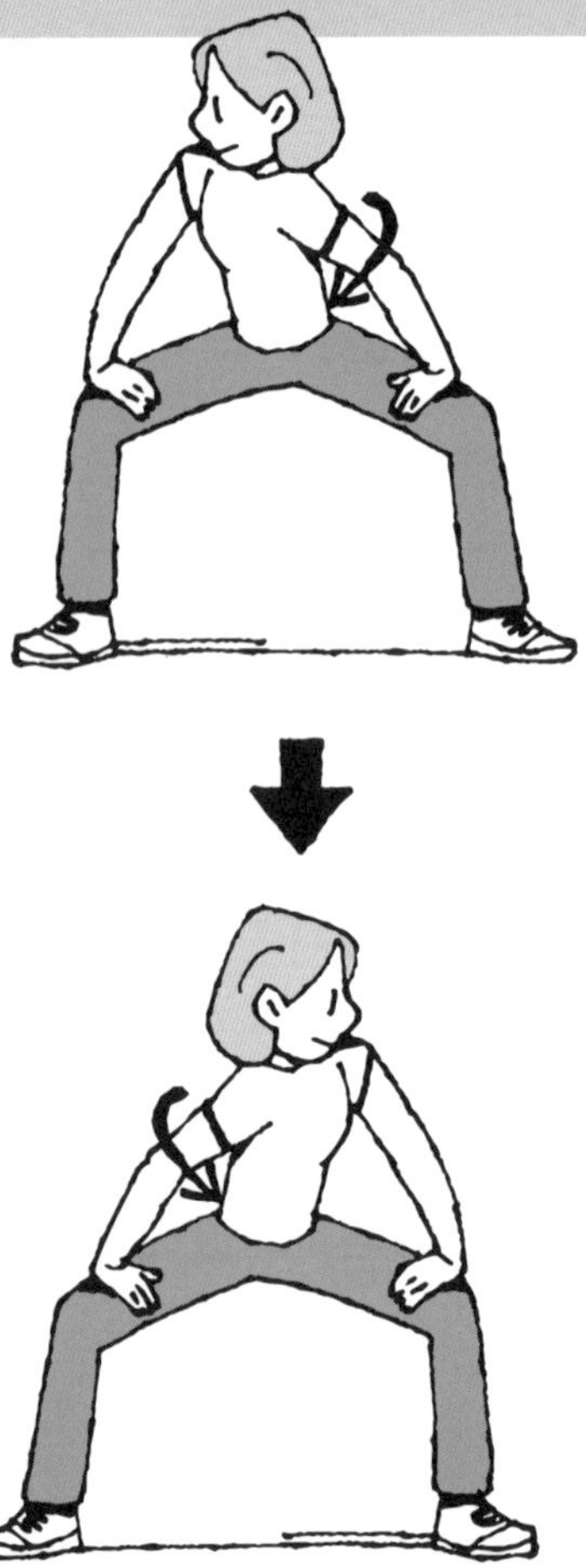

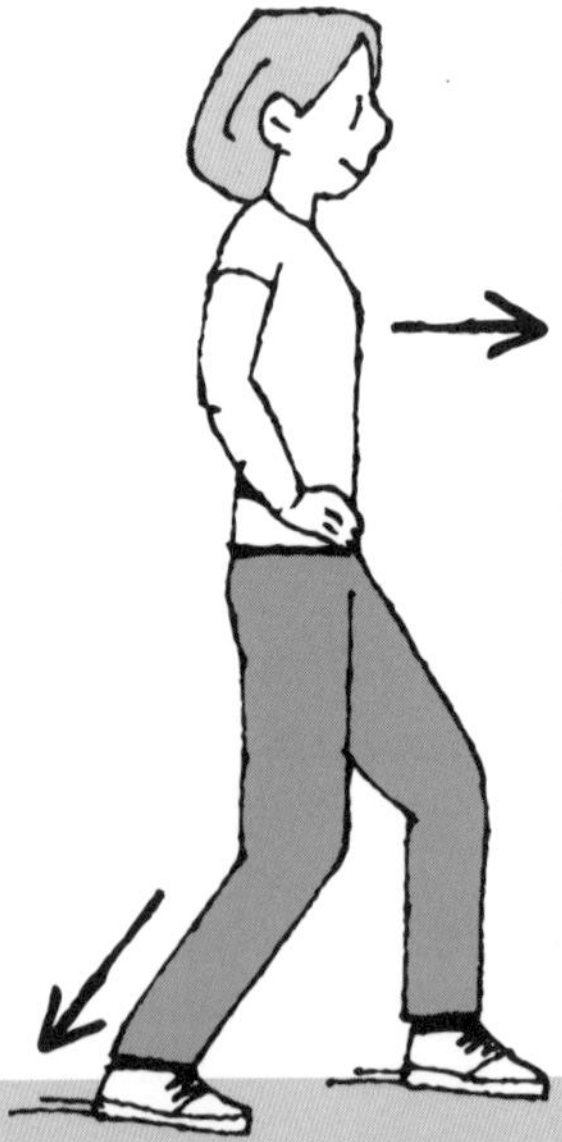

5 ふくらはぎのストレッチ

足を前後に開き、膝とつま先を同じ方向に向けます。両手を前に出した足の付け根に添えて、上体を支えます。その上体から、うしろ足のかかとが地面から離れないように注意して、上体を前に押し出します。

6 アキレス腱のストレッチ

ふくらはぎのストレッチの状態から、前側の足をさらに半歩ほど前に移動させます。両手を腰に添えて両膝を曲げ、腰を落とします。うしろ足のアキレス腱を伸ばすようにストレッチします。

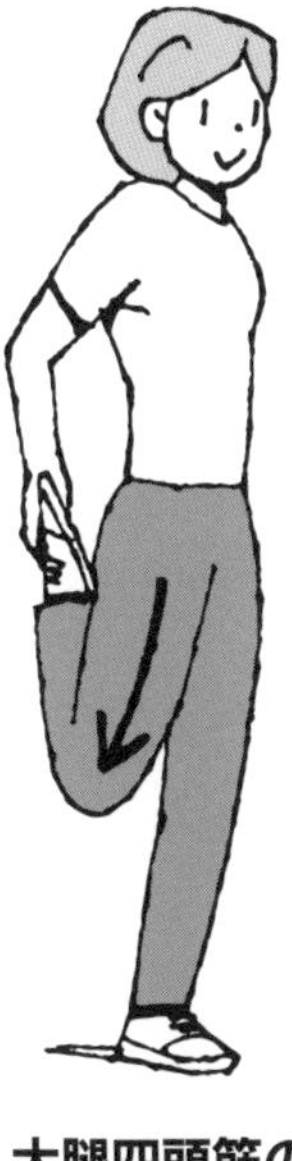

7 大腿四頭筋のストレッチ

椅子を支えにして立ち、右膝を曲げて右手で右足の甲をもちます。背筋を伸ばして右足のかかとをお尻に引き寄せ、太ももの前側を伸ばします。前かがみになったり、腰が反ったりしないように注意して行います。

自分の体力を知っておこう

余裕のもてる山登りのためにトレーニングを行うにしても、まずは自分の体力を知っておくことが大切です。そのための簡単な方法を紹介しましょう。

持久力

まずは持久力です。持久力は最高酸素摂取量で決まります。そこで、かなりきついと感じるくらいの歩き方で3分間歩き、その距離を測定します。距離を測定するためには、一周の長さがわかるグラウンドや、公園のウォーキングコースなどを利用します。

年齢別に持久力の目安となる数値を挙げてみました。

20代／約500m　40代／約400m　60代／約300m

測定を行うとき、足底が地面から離れてはいけません。できるだけ大股で、背筋を伸ばし、姿勢を正して歩きましょう。腕はしっかりと大きく振ります。視線は25mくらい先を見るようにします。

大股で、腕を大きく振って歩くことで、体の多くの筋群が歩行に参加し、それだけ酸素の要求量が増え、心肺機能のキャパシティをしっかりと測定できます。日頃あまり運動していない人は、測定の前にしっかりとストレッチを行い、怪我のないようにトライしましょう。

筋力

筋力は、25mを全力で歩き、何秒で歩けるかを測定します。25mを歩くのにかかる時間は長くても10秒くらいですから、酸素は関係ありません。

年齢別の目安となる数値を挙げておきます。

20代／約5秒　40代／約7秒　60代／約9秒

それぞれの年代でその数値をクリアできれば、年齢に応じた下肢の筋力をもっているといえます。歩き方は持久力の測定のときと同じです。できるだけスピードを上げて歩くように努力してください。測定の結果から歩行速度を割り出せば、下肢の筋力がわかります。

こうして自分の体力がわかったら、それに見合ったトレーニングを開始しましょう。下肢の筋力を鍛える方法として、スクワットを挙げることができます。ほかのウエイトなどを利用しない自重負荷のスクワットの場合、最大10回できたらその80％、8回をトレーニングとして行います。それを週2回から3回行うと、だいたい3ヶ月から5ヶ月で10％から20％、筋力がアップします。

トレーニングは継続が大切です。無理のない予定を立てて、取り組んでみてください。

疲れを回復させるために山小屋でできること

山小屋に着いて足を見ると、パンパンに腫れていることがあります。これは、筋肉で炎症反応が起こっている結果です。炎症反応の一つである、毛細血管の透過性を亢進するような物質が出て、血管の内側から外側に水分が移動する現象によって足は腫れてきます。それを防ぐためには、その炎症反応を抑制することが大切です。炎症反応を抑える一つの方法として、足を冷やすというやり方があります。氷などでぐーっと冷やすというのは、反応が急性の場合は有効かもしれません。さらに、乳製品、乳蛋白質（あるいは、市販されているアミノ酸サプリメント）を摂取すると炎症反応が抑制され、そうした足の腫れも改善する結果が明らかになっています。また、毛細血管圧*を下げるために、足を心臓より高い位置に上げて寝るという方法も有効です。

＊毛細血管圧
毛細血管とは、動脈と静脈の間に存在する細い血管で、血液と組織の物質交換を担う。その圧力が高いと、血管内から外へ漏出する水分量が増加する

column

#04 生活習慣病と山登り

私たちは今、運動トレーニングの生活習慣病予防・治療効果を研究しています。最近、私たちの研究分野で、生活習慣病の根本原因として老人性筋萎縮症（加齢性筋減少症）が関係している、と考えられるようになりました。それではなぜ、筋肉の萎縮が生活習慣病につながるのでしょうか。そのキーとなるのがミトコンドリアです。

前述した筋肉の例と同様に、ミトコンドリアも、車のエンジンに例えることができます。ミトコンドリアは、ガソリンの代わりにブドウ糖や脂肪酸を燃やし、エネルギーを生み出します。私たちは、そのエネルギーで生きています。このミトコンドリアが活躍する場が、筋肉です。つまり、老人性筋萎縮は、ミトコンドリアが活躍する「場」をなくしているということになります。

さらに、筋肉が萎縮すると、運動するのが億劫になりますから、体全体の代謝も落ちてきます。そのため、体全体のミトコンドリアの機能が落ちてくるというわけです。

車でも新車は燃費がよく排ガスもきれいですが、古くなると燃費が悪くなり汚れた排ガスを出すようになります。ミトコンドリアでも同様です。機能が劣化すると燃費が悪くなり、活性酸素を出すようになるのです。

この活性酸素が、体の細胞・組織を損傷するのです。そして、それに反応して、炎症反応が起こります。それが脂肪細胞で起これば糖尿病、免疫細胞で起これば動脈硬化・高血圧、脳細胞で起これば認知症やうつ病に、がんの抑制遺伝子に起これば、がんになると考えられています。


現在、こうした生活習慣病は専門のお医者さんが別々の薬で対処していますが、それらは対症療法にすぎず、薬の投与をやめれば再発する、と考えられるようになりました。すなわち、生活習慣病の根本原因はミトコンドリアの機能の劣化にあるのだから、それを改善しなければ、病気の根本治療につながらない、というわけです。ではどうするか、答えは簡単です。

運動によって、加齢による筋萎縮を防げばいいのです。

　こうした運動には、もちろん登山も含まれます。同じことを繰り返すような運動では、なかなか長続きしませんが、山を登ることを目標にすれば、ポジティブにトレーニングに取り組むことができるようになるはずです。あの山に、あの仲間と登ろうという目標は、血圧や血糖値を下げるという目標よりも、より魅力的なモチベーションだと思うのです。

第5章

インターバル速歩で体力アップ

いよいよインターバル速歩を活用した
体力づくりについて紹介します。
どんな効果があって、どのように行えばいいのか。
この章でしっかり学んでほしいと思います。

インターバル速歩の考え方

本書で紹介するインターバル速歩は、私たちが提唱してきたトレーニング方法で、筋力、持久力の両方が向上します。もとはといえば、ある実験の結果がそのきっかけでした。

それまで、持久力のトレーニングと筋力トレーニングは分けて考えられていました。たとえば、持久力トレーニングはジョギングや自転車など、最高酸素摂取量の70％の運動負荷を一日30分以上、週に3日以上。筋力トレーニングは、最大筋力の80％以上の負荷で、一回8セット、それを週に2〜3日以上というルーティンが決まっていました。それを6ヶ月間行うと、それぞれ初期値に比べて、10％から20％アップするということが、運動トレーニングの国際標準になっていたのです。ポイントは、持久力トレーニングと筋力トレーニングを分けて行っている点です。

◆

　ところが、私たちが平均年齢65歳の中高年者を対象に前述のトレーニング効果検証実験を行った結果、持久性トレーニングを行っても筋力がアップし、筋力トレーニングを行っても持久力がアップしたのです。

　なぜそんなことが起こるのか考えたとき、高齢者、中高年者に起こる老人性筋萎縮症が原因ではないかと思い当たったのです。老人性筋萎縮症が起こると筋力が低下します。その結果として、持久性の運動をしなくなり持久力も衰えてしまうという具合です。中高年者では、それぞれが別々のものではなく、相互に影響し合っているということです。そのため、筋力を上げると持久力もそれにつれて上がってきたのです。

最初のインターバル速歩の効果検証実験

先に述べたように、最初に私たちがトライしたのは、自転車エルゴメーターによる持久性トレーニングでしたが、これで結果が出るのであれば、インターバル速歩でも同じ結果が出るのではないかと考えたのです。すなわち、インターバル速歩の「速歩」は、個人の最高酸素摂取量の70％以上なのだから、これを一日30分以上、週4日以上行えば、世界標準として推奨されている運動プログラムと同様じゃないか、と思ったわけです。果たして、6ヶ月で自転車エルゴメーターを用いたトレーニング効果検証実験と同じ結果が得られました。すなわち、持久力だけでなく、下肢の筋力も上昇したのです。

インターバル速歩は、最近「筋トレウォーキング」としても知られるようになりました。その理由は、NHKの『ためしてガッテン』で紹介されたときに局が視聴者を意識して用いたネーミングです。筋トレウォーキングは効果に着目したネーミング。インターバル速歩は方法に着目したネーミングです。

インターバル速歩が何故注目されるのか

実験の結果として、この現象に気がついたときは、国内だけでなく国外の研究者からも興味をもってもらいました。歩行系の運動で筋力がアップするというのは、非常に興味深いというわけです。筋トレというと、バーベルを持ち上げたり、スクワットをしたりといった、特殊な運動を想像しがちですが、じつは歩くという単純な運動が筋力アップにつながるとは誰も思わなかったのです。

歩行系の運動であれば、誰でも、どこでも実践することができます。また、30歳以降、10歳加齢するごとに5～10％ずつ筋力は低下していきますから、30歳以降で運動習慣のない方であれば、誰でも効果が期待できる、というわけです。また、年齢がそこまでいかなくても、とくに女性の中には中高年並みの体力しかない方もいますから、その方たちにも効果的です。つまり年齢ではなく、体力が低い方のためのトレーニングと考えれば、中高年では80％、若い人でも60％くらいが相当し、対象が非常に幅広い運動方法ということができます。

いま思えば、筋力トレーニングと持久性トレーニングを分けようという考え方は、アスリートを対象とした話なのだと思います。いわゆる普通の人は、彼らほど筋力、持久力がありませんからインターバル速歩で十分だというわけです。

ただ、一つ未解決なのは、インターバル速歩で、なぜ筋力と持久力が一緒に向上するのか、という問題です。まだ仮説の段階ですが、加齢性の筋肉の萎縮は、速筋から起こることが知られています。また、速筋から萎縮すると歩くのが億劫になりますから遅筋も衰えていきます。おそらく、インターバル速歩の「速歩」が速筋を太くし、それに合わせて、鍛えられた速筋を遅筋に変化させるメカニズムが働いているのではないかと考えています。

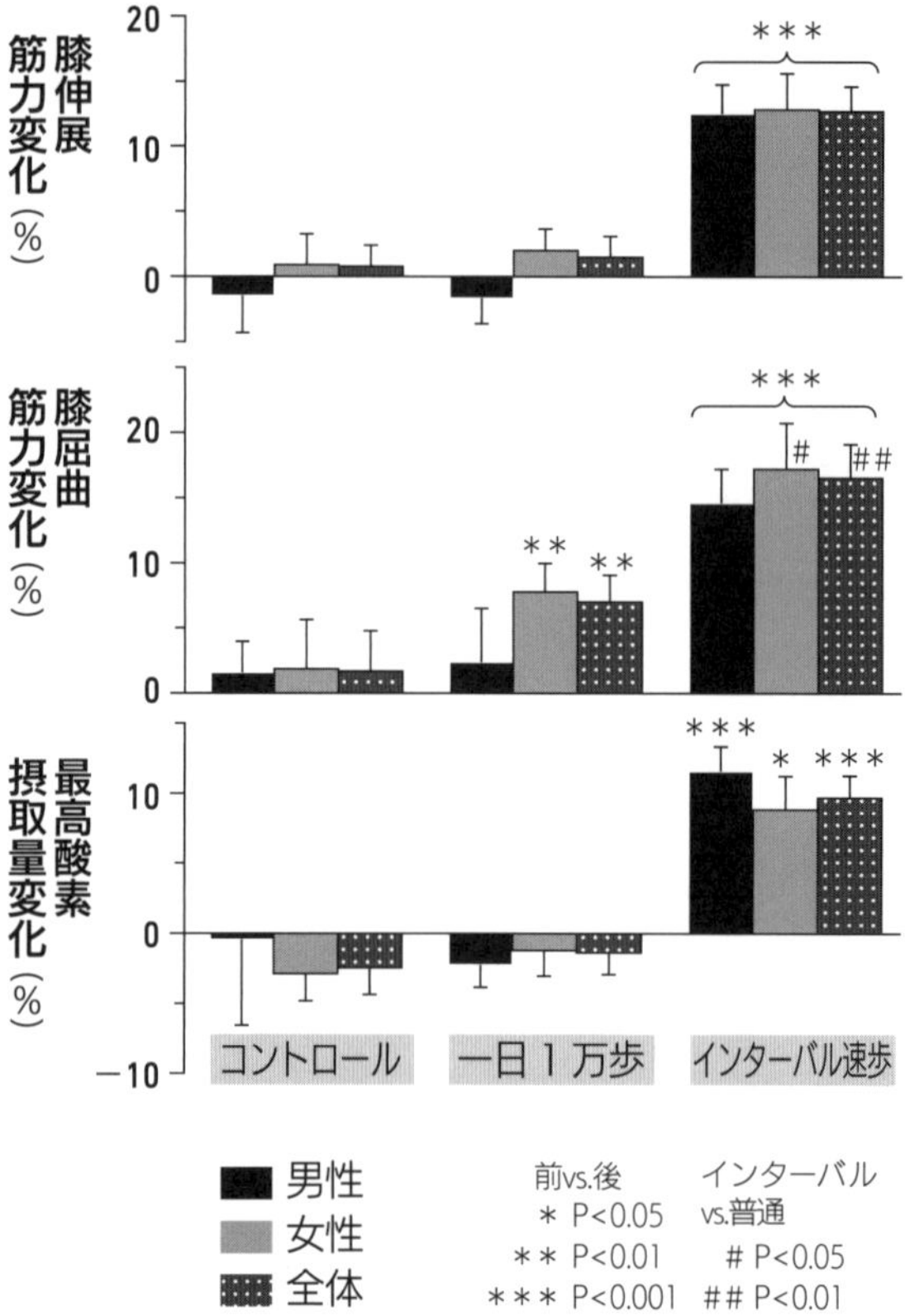

図３：中高年者（男性 60 名、女性 186 名）を、コントロール（何もしない）、一日１万歩、インターバル速歩群に分け、５ヶ月間の介入研究を行った

*、**、***：トレーニング前に比べ統計的に有意な差があることを示す
#、##：一日１万歩に比べ、統計的に有意な差があることを示す。縦バーは標準誤差の範囲で、平均値の変動範囲をあらわす
Nemoto K.et al：Mayo Clinic Proceedings.82：803-811,2007.
『山に登る前に読む本』（講談社）P112 から引用

インターバル速歩をやってみて

松本には、70歳を過ぎても山好きの方が大勢います。その方たちからは、インターバル速歩のおかげで「これまで日帰りの山しか行けなかったものが、泊まりで縦走ができるようになった」「徳本峠*を越えられるようになった」「登れる山のレパートリーが増えた」など、とてもポジティブな感想をいただいています。中高年者になると、ほかの人に迷惑をかけたくないという意識が強くなります。たとえば、5、6人でチームを組んで山登りをするとき、自分がバテたためにその山行がだめになるというのを恐れるのです。

ところが、体力に自信がつくと、そういった不安がなくなります。さらに、余裕をもって行けるようになるので、山行も楽しくなる。目指せる山も増えていきますから、次はどこにしようかと、さまざまなアイデアが湧いてきます。

*徳本峠
長野県常念山脈の南部にある標高2140mの峠

もっとも大きいのは、やはり体力に余裕がもてるようになるということだと思います。体力に余裕があれば、景色を楽しむこともできるし、重い荷物も持てるようになりますから、コンロを持って行って、山頂でお湯を沸かしてコーヒーや紅茶を味わうこともできます。山登りがちょっと優雅なものになるのです。

これに対し、体力に自信がないと不安になります。行動の見通しも立ちにくく、いつも気ぜわしく、追い立てられるような感じで山を登ることになります。これでは十分に景色を楽しむことはできません。

インターバル速歩の効果

インターバル速歩の効果として、具体的には、まず下りが楽になります。筋肉も太くなっていますから、今までヨレヨレだったものが、足取りがしっかりして疲れなくなるのです。また、登りは歩くスピードが速くなるので、スケジュールに余裕ができ、行動範囲が広がります。

もう一つ大きなメリットとして、心臓のラジエター機能のアップが挙げられます。体力が上がると血液量が増加し、心臓に還ってくる血液量が増えるために、あまり汗をかかずに体温調節ができるようになります。その結果、のどもそれほど渇かなくなってきます。さらに、筋肉が太くなると基礎代謝量も向上し、寒さを感じにくくなるので、行動が素早くなり、無駄な衣服や食料も必要なくなって、ますますスピーディーな登山ができるようになるのです。

また、インターバル速歩をある一定期間（5ヶ月程度）続けると、血圧、血糖値、肥満（BMI）などの数値が改善され、生活習慣病が約20％減少するということがわかっています。

私たちは、松本市内に在住する中高年の男性198名（平均年齢68歳）、女性468名（平均年齢64歳）を

・低体力　最高酸素摂取量／男性16.3、女性17.2
・中体力　最高酸素摂取量／男性20.0、女性21.5
・高体力　最高酸素摂取量／男性25.4、女性25.9　（単位／㎖/kg/min）

のグループに分けて、それぞれ生活習慣病指標の変化を追いました。

その結果が左のグラフです。このグラフからもわかるように、男女どのグループでも4つの生活習慣病の罹患率（最高血圧、空腹時血糖、ＢＭＩ、中性脂肪）に減少傾向が見られました。インターバル速歩を続けることは、単に体力がアップするだけでなく、より健康な体づくりにつながっているということです。

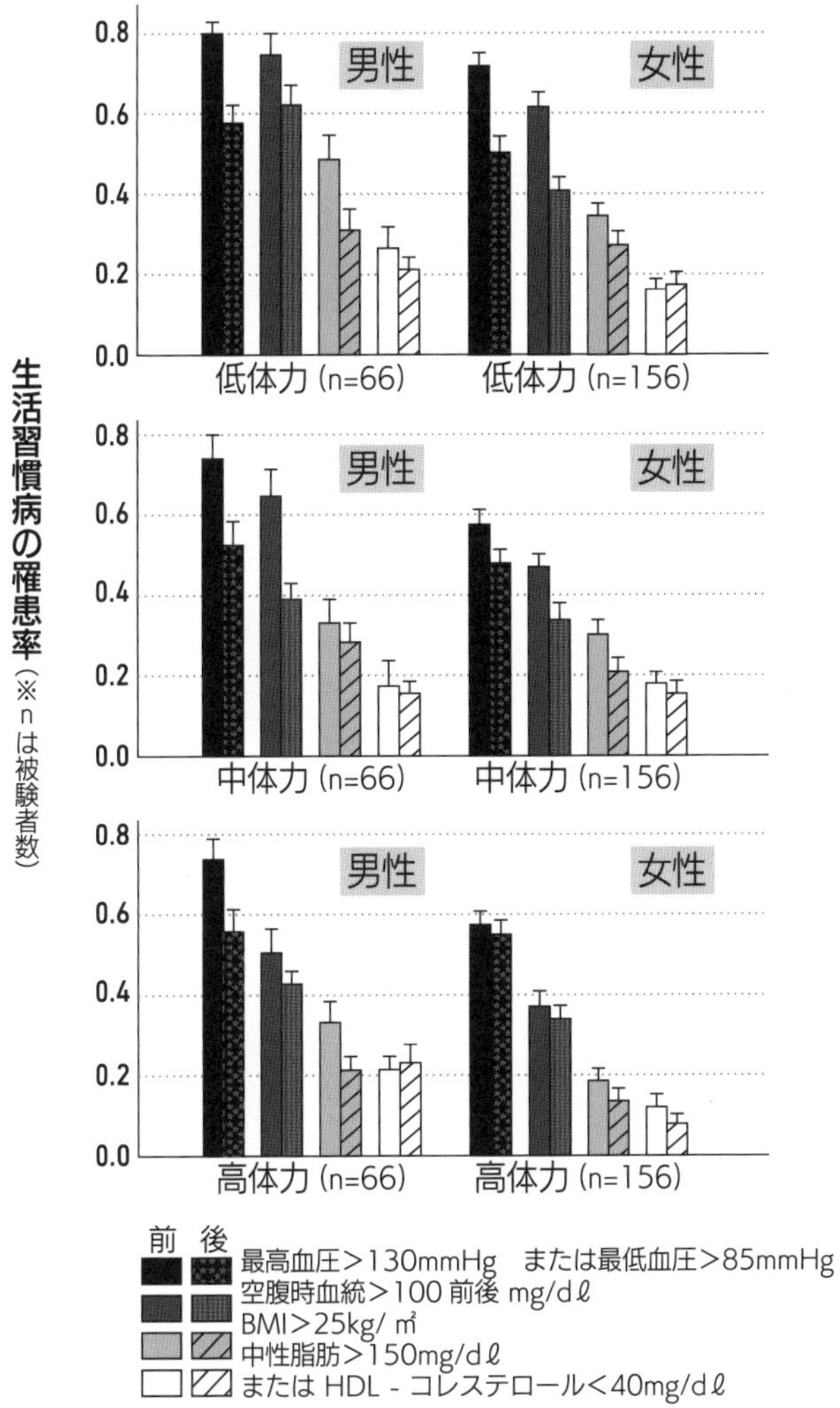

図4：インターバル速歩で生活習慣病の罹患率が約20％減少

※生活習慣病の罹患率は、1＝100％罹患していることをあらわす。棒グラフの縦線（T）は標準誤差であり、反応の個人間のバラつきをあらわす（Morikawa et al.BJSM2011 より作成）
『「歩き方を変える」だけで10歳若返る』（主婦と生活社）P49より引用

さあ、インターバル速歩にトライしてみよう

基本の歩き方

ここからは、実際にインターバル速歩のやり方について説明していきます。何もむずかしいことはありません。誰でもできる簡単なトレーニングですから、まずは基本をしっかりと覚えてトライしてみましょう。

インターバル速歩のポイントは、「速歩き」と「ゆっくり歩き」を繰り返すところです。速い、ゆっくりのメリハリをつけて歩きましょう。

1、まず、速歩きを3分間行う。

速歩きとは、自分でややきついと感じるペースで歩くことです。これは、歩いていて息が上がってくるぐらいのペースです。いつもよりも大股で、しっかりと腕を振って歩きましょう。

2、次に、ゆっくり歩きを3分間行う。

速歩きのあと、今度はいつもの散歩のペースで、ゆっくりと3分間歩きます。速歩きで上がった息を整えるように、リラックスして歩くことがポイントです。

3、速歩きと、ゆっくり歩きを合わせた6分間を1セットとし、5セット行う。

これは、一つの基準と考えてください。この回数を守らなければいけないということではありません。もし3分がきついようであれば、2分でもかまいません。セット数も可能な範囲で行うようにします。

歩き方のポイント

大切なのは、速歩きは自分の最高酸素摂取量の70％以上の強度で行うということです。これより強度が低いと、インターバル速歩の効果は十分に期待できません。目安は、「ややきつい」と感じる速さです。ただし、そのように感じる速さは人それぞれですから、自分なりの「ややきついペース」を把握しておく必要があります。

「ややきつい」と感じる速さとは、5分ぐらい歩いていると心臓がドキドキしてきて、息が弾み、10分ぐらいで汗ばんできて、20分ぐらいで脛が少し痛くなってくる程度の速さです。

また、速歩きのときは大股で歩くこともポイントです。こうすることで下肢の多くの筋肉を使うことになり、それが最高酸素摂取量の70%以上に相当する酸素を消費させることになるのです。

背筋を伸ばして、手を前後に大きく振って、大股で歩こう

速歩は、大股でリズミカルに歩くことが大切です。そのためには、まず、背筋を伸ばし、目線は25ｍくらい先を見るようにします。肘を軽く曲げ、前後にしっかりと振りましょう。右足が前のときは左腕が前、左足が前のときは右腕が前になるように振ります。これによって、腰が回転しないで、大股で歩くことができます。

大股で歩くということを意識しすぎると、腰が曲がって直立姿勢が崩れてしまうので注意が必要です。着地はかかとから、その際、前足への体重移動をできるだけ早くすると、かかとへの衝撃を和らげることができます。

ゆっくりと歩くときには、上体をリラックスさせて、やはり背筋はピンと伸ばして歩きます。歩幅を元に戻し、呼吸を整えながら歩きましょう。

POINT 1
目線は25mくらい先を見るようにする
POINT 2
背筋をピンと伸ばし姿勢よく
POINT 3
肘を軽く曲げて前後にしっかりと振る
POINT 4
着地はかかとから

好きな時間に好きなだけ

インターバル速歩のよいところは、自分の生活のリズムに合わせて行えるところです。基本は、速歩3分、ゆっくり歩き3分を1セットとし、それを一日5セット以上、週に4日以上行いますが、朝、通勤時に2セット、昼1セット、夕方帰宅時に2セットと分けてもいいですし、ウィークデイが忙しければ、週末、土曜・日曜にまとめて10セット実施するのでも大丈夫です。要するに1週間で速歩を60分以上すればよいのです。

トレーニングの効果は2ヶ月目からあらわれる

インターバル速歩を行うことで、乳酸が出にくい体になります。乳酸は、最高酸素摂取量の60％くらいの運動強度から出始めるといわれていますが、最高酸素摂取量が上昇すれば、その運動強度も上昇します。これは、登山が楽に、そしてスピーディーになることを意味しています。

トレーニングの効果は、2ヶ月目くらいから出てきます。最初の2週間くらいは辛いですが、2ヶ月目、3ヶ月目くらいから徐々に効果があらわれ始めます。まず、太っている方は体重が落ちてきます。それとともに血圧も下がり、夜、よく眠れるようになります。冬は体がポカポカして、夏はこれまでよりも涼しく感じるようになります。そうして5ヶ月たつと、10歳若返った体力が手に入るのです。

トレーニングの効果として、性格が明るくなるということも挙げられます。ストレスを感じても、それをサラッと受け流せるようになるのです。これは、体力と同様に、心にも余裕が生まれたといってよいでしょう。

この効果は、筋肉が何かのホルモン様物質を分泌しているではないかと考えられています。それが脳を活性化させるというわけです。これまでは、脳が筋肉を支配するという考え方が主流でしたが、現在は、筋肉も脳を支配しているという考え方がポピュラーになってきています。

体力アップは山で役立つ

山登りにおいて、体力がアップするということは行動のスピードが速くなることと以外にも、さまざまなメリットを生み出します。たとえば、薄着でいられるということは、余分な衣類をもっていかなくてもよいということです。また、テントで泊まる場合など、痩せている人は寒がりで、端で寝るのを嫌がりますが、トレーニングによって筋肉量が増えてくると寒さに強くなります。その理由は、筋肉は動かない状態でも、いつでも動けるようにアイドリングして熱を産生しているからです。

あるいは、暑いところでは、体力がつくことで皮膚の血流が盛んになり、皮膚の血管の開け閉めだけで、体温調節ができるようになります。その結果、汗をかかなくても体温の調節ができるようになるのです。

山でよくウインドブレーカーなどの前をはだけている人を見かけます。天候が変わり、寒くなってブレーカーを羽織ったが歩いているうちに汗をかき、すぐには止まれないので、前をはだけて歩いているようです。でも、あまり格好いいものではありません。まずは、トレーニングで体力をつけ、発汗しないでも体温調節ができる体をつくることが理想です。

アップした体力はしっかりキープ

インターバル速歩で得た体力をキープするためには、6ヶ月ごとに自分で体力を測定し、速歩レベルの見直しを行うことが大切です。私たちは、これを3段階ステップアップ法で行います。

まず、被験者の腰に3軸の加速度計を内蔵したカロリー計を装着してもらい、安静、ゆっくり、中くらい、最高速度での歩行を段階的に3分間ずつ行ってもらいます。そして、最高速度で歩行してもらった3分間のうち、さらに最後の1分間の運動強度を、その人の最高酸素摂取量とします。6ヶ月インターバル速歩を実施すると、この最高酸素摂取量は10%上昇しますから、新しい測定値の70%を速歩の目標値と決め直すのです。

次の6ヶ月はそれを目標にウォーキングを行います。

このようなカロリー計を持っていなくても、ストップウォッチさえあれば、簡単に体力を測定することができます。トレーニングのためのコース（距離）が一定であれば、その距離を「ややきつい」と感じる速度で歩く時間を記録しておけばいいのです。

たとえば、トレーニングを始めた頃、20分かかっていたものが、6ヶ月後に18分で歩けるようになったとすると、体力は10％アップしたことになります。ですから、次回からは、かかる時間が20分になるようにトレーニングのコースの距離を少し伸ばせばよいのです。

◆

さらに、毎日のウォーキング以外でも、里山に登ることをトレーニングとしている人は、そのタイムを比較することで自分の体力を知ることができます。

たとえば、里山を「ややきつい」と感じる速度で、60分かけて週に1回登れば、インターバル速歩と同じ効果を期待できます。

インターバル速歩は、1週間に60分以上のややきついと感じる速歩を行うことが目標ですから、速歩でなくても、同じ主観的な運動強度で里山に登れば、同じ効果が得られるはずです。したがって、6ヶ月ごとにその山登りの時間を測定し、その時間が短縮されれば、少し高度差のある登山コースを選べばよいのです。

column

#05
神社・お寺にお参りすれば腰痛、膝痛が治る？

私はこの間、久しぶりに京都のある大きい神社にお参りに行ってきたのですが、この神社は京都の東山にあって、いちばん上の奥の院に行くにはなかなか大変です。長い石の階段を上らなければなりません。その途中、ところどころに良縁、安産、家内安全など、お参りする方の願いに特化した小さい神社が設置されています。

その中に腰痛、膝痛に効くという神社があるのですが、このような山の中腹にある神社に一定の頻度でお参りしてご利益があるというのは、理にかなっているなと思いました。その理由は、インターバル速歩を始め、ややきつい運動を一定頻度で行うと非常に高い確率で腰痛、膝痛の症状が改善することが、科学的に明らかになっているからです。

そういえば、あちこちの神社、お寺は、人里より高いところにありますが、昔の人は、その高さまで階段を上るような運動を一定頻度で行えば、関節痛だけでなく、さまざまな病気の症状が改善することを経験上知っていたのではないか、と思います。信仰心はお参り（運動）をするための強い動機付けになりますし、それで効果があると実感したら、ますます信仰心が篤くなって、お参りを継続することになります。四国八十八箇所巡りもそうですが、十分な医療が受けられなかった時代、非常に理にかなった病気の予防・治療法だったんじゃないかと思うのです。

第6章

山を歩くときは
こんなことに気をつけよう

体力が身についてきたら、
次は山を歩くときのポイントについて考えていきましょう。
山でバテないためにはどうすればいいのか。
用具や食事の話もとりあげて詳しく解説します。

山を歩くときのポイント

登るときには、乳酸が出ないように、できるだけゆっくりと歩きます。また、下るときは膝をよく曲げて、膝への負担を少なくすることを心がけてください。また、スリップしないように斜面に対して靴底をフラットに置くことも大切です。

重心は、できるだけ上下させないように、スムーズに斜面に沿って上げていきます。こうすることでエネルギーの無駄を省き、体力を消耗するのを防ぐことができます。

左右のバランスをキープするために、ストックを持つことも有効です。とくに重い荷物を背負っているときにストックを持つと、荷崩れしにくくなるので安定して登ることができます。また、下るときにはストックが衝撃を和らげてくれます。

初心者は、とくにスリップに注意してください。下りのときにはどうしても恐怖心から腰が引けて、重心の位置がうしろになりがちです。少し前のめりになるくらいの姿勢で歩いたほうが、スリップはしにくいです。雪道、雪渓などを下りていくとき、下を見ると怖いので、どうしても体が引けてしまいます。これでは、足を滑らせる準備ができているようなものです。登山のガイドラインにも書いてありますが、そんなときはピッケル、ストックを突いて、斜面に対して体を直角にすることが大切です。雪渓などではとくに注意しましょう。

膝の使い方と足場の確保

山を歩くときには、普段よりも意識的に膝を使うようにします。足を地面に置く動作、膝を伸ばす動作を分けて、ゆっくりと歩きます。まず、安定した場所に足を置き、そこから膝をぐっと伸ばして登ります。足を置くときには、ベタッと、地面との摩擦が得られるように置くことがポイントです。

平地ではかかとから着地しますが、登山の場合はフラットに着地させるのが基本です。ザックは重いものを上にいれるようにして、できるだけ姿勢が前のめりになるようにします。トレーニングは姿勢をよくして行いますが、山の場合はやや前傾の姿勢がポイントです。

岩場などの足元が不安定なところでは、とくに気をつけましょう。こうしたところでは、さまざまな経験も大切です。こうした場所で一度バランスを崩すと、荷物の重さなどで体力を著しく消耗します。つねに足元に注意して、安定した足場を確保することを意識しましょう。

◆

目線に関しては面白い話があります。

私が以前、教授会で居眠りをしていたとき、横に形成外科の先生がいて、なんで眠くなるのか教えてあげましょうかと言うんです。なぜかと聞いたら、目線が下がっているからですよと言われました。目線が下がると眼瞼挙筋*が弛緩します。その先生いわく、眼瞼挙筋には交感神経のスイッチがあり、それがゆるむと、全身の交感神経のトーンが下がって眠くなるのだそうです。

だから、山登りのときに足元を見ていることは、リラクゼーション効果につながるはずだとおっしゃるのです。なるほどな、と思います。

山で疲れる歩き方

登山者を観察していると、辛そうに歩いている人は姿勢が悪いことに気がつきます。必要以上に前かがみになっていて、また、そういう人は首からタオルを下げていることが多いようです。腕もだらんと下がっていて、まるで幽霊のようです。足取りもバタバタしていて安定しません。

一方、登山慣れしている人も一目でわかります。姿勢がよく、重心もしっかりとしていて、中にはぐっと腕組みをしている人もいます。この腕を組むという行為は、重いものを背負ったとき、肩が楽になるのだと思います。そうすることによって肩の筋肉が厚くなり、ザックの紐が食い込まないのでしょう。また、歩き方はとても静かです。一歩一歩確認するように足を運んでいます。

大切なのは、目的地をあまり意識しないことだと思います。今の一歩一歩を楽

＊眼瞼挙筋
瞼を開く筋肉

しみながら登る気持ちでいると、足元も安定してきます。本当はそうは思っていなくても、そうしたイメージが大切なのです。

また、ペースが一定にならない理由として、他人を意識しすぎることが挙げられます。この人に遅れたくないとか、この人を待たせたくないといった気持ちがあると、登るペースは一定しません。

多くの人は、最大体力の60%くらいで登っているはずですが、それをキープすることができず息が上がってきたら、疲れは歩いている最中には回復しませんから、休憩を入れる必要があります。休憩のタイミングに関しては、最初のピッチは30分、次のピッチからは1時間とよくいわれます。あまり休みすぎるのは、体が冷えてしまうので逆効果です。

最初の30分というのは、その日の自分の体調を自覚するためだと思います。ちょっとやばいなとか、今日はいけるとか、自分のペースをつかむための30分です。だいたい休憩は10分くらい。水を飲んだり、体を冷やさないように注意しましょう。

山で危ない歩き方

山を歩くとき、ストックは頼りになりますが、頼りすぎると逆に危険です。その役割はあくまで補助ですから、体重をかけすぎると岩の上で滑ったり、草むらに刺さりすぎたりといったこともあるので、注意が必要です。

また、岩場で足をくじいたというのもよく聞く話です。これは、一歩一歩がおろそかになっているからです。歩幅は小さめに、足の置き場所を慎重に選びながら歩くようにします。

私は、下るときにはお尻をついてもいいと思っています。傾斜が急なところでは無理して2本の足で歩かなくても、お尻をついて安全に下るのも一つの手です。危険を感じる場所では、格好は二の次です。お尻だけでなく、手や膝など、あらゆる部分の摩擦を使って、落ちることを防ぐことが大切です。

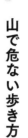

大切な用具の話

【靴】

教科書どおりにいえば、足首を固定するタイプのほうが登山向きといえます。ただし、アキレス腱に負担がかかり、初心者にとっては歩きづらいというのが難点です。また、重い荷物を背負っている場合には有効ですが、荷物が軽い場合には、足首までホールドしているかどうかは、それほど重要ではないような気がします。

足首まで固定するタイプでは、登りのときは足首から上の紐をゆるめにして、下りのときは全部締めるというやり方もいいかもしれません。

初心者の方は、できるだけ軽い靴を選んだほうがいいでしょう。ゴアテックスやナイロンの表皮で、底はビブラム製のものを選びます。ここでも足首まで固定できるものが基本ですが、小屋泊まりで荷物がそれほど多くない場合には、それにこだわる必要もないと思います。

足は歩いているうちに腫れてくるので、かかとに指が1本入るくらいがちょうどいいサイズです。ポイントは足の幅です。日本人は扁平足が多いので、外国製の靴幅の狭いものを選んでしまうと、大変な目にあうので注意が必要です。

【靴下】

靴下は厚手で、機能性の高いものを選びます。最近では、さまざまな機能を備えた合成繊維のものが主流です。保温性が高く、汗などを放出する速乾性の高いものがいいでしょう。

【リュックサック】

リュックサックは、荷物をパッキングしたときの重心が上になるような、ある程度フレームが入っていて荷崩れしないものが適しています。荷室が上下に分かれていて、サイドから荷物が取り出せるものが便利だと思います。

昔はキスリングといって、横幅の広い帆布製のザックが主流でしたが、いつのまにか廃れてしまいました。ちょっと寂しい感じもします。キスリングに鍋をくくりつけて米を担いで、テントなども今の10倍くらいの重さでしたから、それは大変でした。当時は荷物も多くかさばったので、キスリングのようなザックが必要だったのですね。

リュックサックは、背中にピタッとつくように背負うことが大切です。首のうしろのところに隙間ができると、ザックは後方に振られます。ですから、いろいろな調整機能を駆使して、そこに隙間ができないように調整しましょう。

山登りに必要な持ち物

- セパレートの雨具
- ヘッドランプ
- 軍手
- 地図
- 磁石
- GPS
- 水筒（ペットボトルでも可）
- 手ぬぐい
- コンロ
- コッフェル
- 帽子（うしろに庇のあるもの）
- ウールの帽子（冬）
- 目出し帽（冬）
- ネックウォーマー
- 手袋（防寒用）
- ストック
- マッチ
- サングラス

首にタオルはカッコ悪い

首にタオルはカッコ悪いですね。そもそも山登りでは、汗をかくということがカッコ悪いとされています。ここまで述べてきたように、体力に余裕がある人は体温調節を皮膚血流だけで行うことができるので、あまり汗をかきません。心臓のラジエター機能が優れていて、ほとんどドライな状態で体温調節が可能なのです。

これに比べ、体力のない人は体温調節を汗に頼らなければいけません。登山で汗をかいている人は体力に余裕がないのです。首にタオルはその象徴といってもいいかもしれません。余裕をもった山登りのためにもトレーニングを積んで、首タオルとお別れしましょう。

エネルギーの原料、炭水化物

登山で消耗した体力を回復させるためには、何が必要なのでしょうか。ここまで述べてきたように、体力には、筋力という収縮力とパワー、そして、持久力が関係してきます。ですから、体力の回復の話は、エネルギーの回復の話とパラレルに動きます。

登山中に使うエネルギーの原料はグリコーゲンを主体とする炭水化物です。ですから、エネルギーの回復ということでいえば、炭水化物の補給を中心に考えておけば間違いはありません。また、登山はあまりだらだらと長く行うものではないので、ビタミンや蛋白質といったものはそれほど気にしなくてもいいと思います。炭水化物さえ補給しておけば、少なくとも1週間くらいは大丈夫です。

人の体の中にあるグリコーゲン量というのは、体力のある人で５００ｇくらいです。それが筋肉の中に４００ｇ、肝臓の中に１００ｇ蓄えられています。

登山を開始すると、徐々に筋肉のグリコーゲン量が減っていって、血液中から筋肉中にブドウ糖が移動していきます。そして、その分、肝臓の中のグリコーゲンが分解されて血糖値を一定に保とうとします。さらにグリコーゲンを消費すると、血糖値が下がってきて、イライラした気分になって、言葉もとげとげしくなってきます。

そうなったときは思い切って休憩して甘いものを摂取することも必要になります。エネルギー回復のためには、糖質を多く含む食物をとって筋肉中のグリコーゲンを回復すればいいのです。

山での食事

私たちの前の年代の人たちは、山に生米を持っていったらしいのですが、高地でお米を炊くためには圧力鍋（飯盒）が必要ですし、重くてかさばるので大変だったと聞いています。私たちの年代になって、アルファ米が出てきましたが、当時のアルファ米は決しておいしいものではありませんでした。今では、もっと食べやすいものが市販されているようです。

コンパクトで高カロリーといえば、チョコレート、ピーナッツなどでしょうか。反対に、かさばるのはパンです、空気をたくさん含んでいますし、持っていき方を間違えると、ぺしゃんこになってしまいます。それでも、当時の山好きの女性は、是非、山でパンを食べたい、ということで、真四角の硬い箱に詰めて持っていったようです。そこには、女性の食事に対する執念を感じますね。

また、肉や脂っこい食材も、食べると体が温まるので、お勧めです。これは、生理学的に特異力学作用*と呼ばれている現象で、これらの食材は代謝するのにエネルギーを必要とするため、それを摂取すると体が温まるのです。私たちのときは、ラードで、豚肉・胡椒・塩を固めて（ペミカンといいます）、保存食として持っていった記憶があります。

現在は、野菜も含めさまざまな食品のドライフードが市販されているので、それを利用される方々がほとんどでしょう。だけど、値段が高いのが欠点です。

食事にまつわる話

蛋白質には、筋肉の損傷を補う作用があるので、それを夕食時に摂取しておけば、翌日に筋肉痛など疲労を残さない効果が期待できます。

夜のメニューとしては、米飯と、学生の頃は、カレー、シチュー、豚汁が定番でした。具のベーコン（豚肉）は蛋白質と脂肪を含んでいるので体が温まります。その他の具として、ニンジン、ジャガイモ、タマネギを入れるのですが、お気づきのように具は同じで、ルー（味付け）を変えるだけです（笑）。そして、このメニューが2～3巡すると合宿終了です。最初はたくさん入っていた具がだんだん減ってきて、最後はルーだけなんていうことも、しょっちゅうでした。

朝はリーダーの「起床！」の声で起き、湯を沸かして一つのコッフェルで甘い紅茶を作ります。それを回し飲みする頃には、みんなの目が覚めてきます。朝食のメニューは即席ラーメンがほとんどだったと記憶しています。理由は、冷えた体が温まるのと炭水化物の補給が効率よくできるからです。

昼は行動中に、コンロなしで食べられるものを選びました。冬だったら朝沸かしたお湯を使ってテルモスに紅茶やココアを入れて、それを飲みながら行動食を

＊特異力学作用
食物を摂取したあと、消化、吸収、他の物質の変換、貯蔵などによってエネルギーが消費され、そのときに発生する熱量

食べるようにしました。昔はコッペパン、カンパンなどが主流でしたが、現在は、カロリーメイトなどの栄養補助食品やドライフルーツなど、いろいろな食品も出ているので、自分のスタイルに合うものを選ぶのがよいと思います。

また、あまり参考にはならないかもしれませんが、学生の頃、冬山に行くときには、実家で正月用の餅をつくと、ついでに登山用の餅も用意して持っていきました。私の実家は京都で、本来は丸もちが主流ですが、つきたての餅をちょうどキスリングの横幅に入るように形を整えておくのです。

市販の角餅の幅で切れ目を入れるのですが、完全に切断するのではなく、1割程度切り残しておくのがポイントです。理由は、登っていくうちに餅が全部凍ってしまうので、食べるときにはその切れ目に沿ってパキパキと折ることができるからです。

餅は水分を含んで重いので、持っていくのが大変でしたが、夕食の味噌仕立ての豚汁や、朝のラーメンにそれを放り込んで食べるのが楽しみでした。それに腹持ちがよく、冬山で長時間ラッセルをしてもあまり腹が減らなかったのを覚えています。

効果的な水分補給とは

汗をかいたりした脱水後の水分補給は、のどの渇きによって促されます。ところが、登山をはじめとする激しいスポーツで汗をかいたあと、自由に水を摂取しても、脱水状態は完全には回復しません。なぜ、のどの渇きと脱水量の乖離が起こるのでしょうか。

のどの渇きには二つの要素があります。一つは塩辛いものを食べたときに、体の塩分濃度（浸透圧*）が上がり、それが脳を刺激して渇きにつながるもので、これを浸透圧刺激性飲水行動と呼びます。もう一つは、体液量が減って、心臓の壁

*浸透圧
濃度の異なる液体を半透膜を隔てて置いたとき、低い濃度の液体が濃度の高い液体へと移動する際の水圧

の伸展度が落ちるのを脳が感知して、のどの渇きを覚えるもので、これを容量刺激性飲水行動と呼びます。

完全に脱水が回復しない理由の一つは、汗の中に含まれる食塩を失ったあとに自由に水分を摂取すると、体全体の脱水を完全回復する前に血中浸透圧が正常値に戻ってしまい、のどの渇きがなくなってしまうからです。このとき、まだ血液量も回復していないのですが、心臓の壁の伸展度が落ちるのを感知して起きる容量刺激性飲水は、浸透圧刺激性飲水に比べ感度が鈍いので役に立ちません。

こうした症状を防止するために役立つのが、食塩だけでなく、腸管での吸収と腎臓での食塩の再吸収を促進するためのブドウ糖を含むスポーツドリンクです。ところが、最近、脱水後、スポーツドリンクを飲んでも、完全には脱水を回復できないことがわかってきました。

スポーツドリンクは汗よりも薄い食塩水なので、脱水後それを飲むと、消化管から吸収され、真水ほどではないにしても一時的に血液中の浸透圧は低下し、血液量は増加します。その結果、私たちはのどの渇きを感じなくなります。ただし、浸透圧、血液量はあくまでも血液中の一時的な変化であって、体全体の浸透圧、体液量を反映しているものではありません。すなわち、体はもう十分に体液量が回復した、と「錯覚」しているのです。この錯覚によって、脱水が完全に回復していないにもかかわらず、摂取した水分、食塩の尿中への排泄が起こってしまいます。

◆

それでは、体液量を完全に回復し、脱水状態を抜け出すには、どうすればよいのでしょうか。

そのポイントとなるのが食事です。

食事の中には大量のブドウ糖が含まれていて、それを摂取するとインシュリンの分泌が起こります。インシュリンには本来、運動中に消費された筋肉のグリコーゲンを回復する作用がありますが、もう一つ、腎臓で食塩の吸収を促進する作用ももっています。そのため、血液の浸透圧が上昇し、のどの渇きが復活するというわけです。

山でよく経験するのですが、夕食後、就寝してしばらくすると非常に強いのどの渇きを感じます。そのため、私たちは水の入ったポリタンクを枕にして寝て、いつでも水分摂取ができるようにしていました。

以上のことから、水分補給の面でも夕食が非常に大切だということがおわかりいただけると思います。もし、体調の関係で夕食がとれないような状態になったら、次の日の行動は控えたほうがいいでしょう。エネルギー補給もそうですが、そのような状態では水分補給もできないからです。

体に必要な塩分の話

登山では、一日で3ℓくらいの汗をかきます。そこには15ｇほどの塩分が含まれていますから、登山に限らず運動をして汗をかいた場合、体液量を完全に回復するには、塩分を摂取しなければいけません。脱水量に匹敵する水分を摂取すると体液の浸透圧が正常値よりも下がってしまうので、余分な水分を尿中に排泄してしまいますし、そもそも血液の浸透圧が正常値以下に下がると、水を飲みたくなります。その結果、血液量は回復しません。

血液の浸透圧が回復し、血液量が回復していないと、私たちは「塩辛いものを食べたい」という食塩欲を感じます。このことについては、ネズミを使った面白い実験があります。

まず、暑い環境でネズミに「汗」をかいてもらいます。実際のところネズミは汗をかけませんが、唾液が汗の役割を果たしています。ネズミは唾液から、人の汗と同様の成分の電解質を失います。脱水後、ネズミをケージごと室温に戻し、ケージに高濃度の食塩水と、真水を入れた二つの容器をセットし、ネズミがどちらでも自由に摂取できるようにします。

するとネズミは、最初は真水の容器のノズルに飛びつきます。そして、体液の浸透圧が回復すると、次に濃い食塩水の容器のノズルに飛びつき、その際、濃い食塩水と真水を交互に摂取して、口の中で0.9%の食塩水（体液と同じ浸透圧で味噌汁の塩分濃度）になるように調節しながら飲むのです。そして、血液量が脱水前の値に戻ったら摂取を停止します。

◆

このような「食塩欲」の概念を初めて提唱したオーストラリアの研究者は、繁殖時期に岩塩をなめに来るシカを観察していて、食塩欲に思い至ったそうです。シカは岩塩をなめることで体液量を増加させて、羊水などの妊娠出産の準備をするというわけです。

その研究者は、若い頃日本に来て、滋賀県の農家に住み込み、日本人がなぜ塩辛い食品を好むのか、それは生まれてからどのくらいで決まるのかということを研究テーマにしていました。

現在では、その原因の一つとして、母乳の塩分濃度が指摘されています。日本人は、母乳の塩分濃度が他の民族よりも少し高いというのです。その結果、乳児の脳の構造が変化し、母乳を摂取しなくなったあとでも、塩辛い食物を好むようになったといいます。その真偽はさておき、乳幼児期の食物の食塩濃度が、それ以降の食物の嗜好性を決定するというのは面白い説だと思います。

column

06

インターバル速歩が世の中に知られるきっかけ

今から5年ほど前、突然、New York Timesの女性記者からインターバル速歩についての取材に関するメールが入りました、私たちが親しくしていただいている米国Mayo Clinicの教授の紹介ということでした。テーマは、「唯一最良のエクササイズは？（What is the best single exercise ?)」というもので、これさえやっていれば、体力向上、健康増進が科学的に証明されている運動方法を紹介する、というものです。

ちょうど、東北の震災の直後で、「日本が大変なときにこのような取材を受けてくれるか」とたずねてきました。私はその記者に「たしかに今回の震災で多くの方が命を落としたが、日本はこれから高齢化という大きい津波に襲われようとしている。それなのに、誰も危機感を抱いていない。多くの日本人は、国がどうにかしてくれると思っているが、それは幻想にすぎない」と返信しました。そしてさらに続けて、「多くの高齢者が惨めな思いをするのは確実だ。インターバル速歩は、そうした惨状を少しでも緩和できる可能性をもったものだから、是非、記事にしてもらいたい」と送りました。その記事は、全訳されて朝日新聞のGLOBEにも紹介され、国内でも多くの方に読んでいただいたと思います。

◆

次に取材を受けたのはNHKの若い女性の記者でした。当時、震災による原発事故で「節電熱中症」が社会問題になっていたのですが、日本国内のある学会の熱中症予防のための緊急提言の中に、「日々のインターバル速歩のようなややきつい運動のあとにコップ一杯の牛乳を飲めば、暑さに強い体になる」というスローガンを入れてもらいました。

この結果は、私たちの10年来の研究から出てきたもので、運動直後に糖+乳蛋白質を摂取すると、肝臓でのアルブミンという蛋白質の合成が高まるのですが、アルブミンが血液中に放出されると血管外から水分を移動させ、血液量を上昇させます。その結果、皮膚血流が増加、発汗能が増加し、体温調節能が改善するというわけです。

当時、熱中症予防のために一般に推奨されていたのは、「暑いところは避けよう」といった消極的で「守り」の方法だったのですが、私たちの方法は「攻め」の方法でしたから、新鮮に映ったのだと思います。

彼女によってＮＨＫの『おはよう日本』で紹介され、その反響の大きさから『クローズアップ現代』『ためしてガッテン』…などメジャーな番組で次々紹介されることになりました。

過去、５年間で、民間も含めれば、新聞・テレビの報道件数は４００件以上に及びます。いま思えば、最初にＮＨＫの女性記者が評価してくれていなかったら、インターバル速歩はここまで広がらなかったでしょう。

第7章 山のあれこれ

ここでは、プロフェッショナルな登山家の話、
私の山登りの経験も交えながら、
少し科学的な視点から、山ではどんなことが起こるのか、
どんな状況が待ち受けているのかをお話ししましょう。

山登りには覚悟が必要？

山登りをしている方を見て、ゆっくり歩いているので、さほどきつい運動をしていないのではないか、と思われるかもしれませんが、そうではありません。ほとんどの方は、最大体力の60％以上の運動をしています。普通の中高年者なら、平地を時速6㎞で歩いているきつさに相当します。これを1000mの高度差の登山なら4時間続けるのです。さらに、その間、体温が上昇して汗をかき、脱水状態になりますから、心拍数は上昇し、4時間の登山終了1時間ぐらい前までには、最高心拍数の90％に相当する運動のきつさになります。

前述しましたが、このように「ややきつい〜きつい運動」をしている際のエネルギー源は、ほとんど筋肉中のグリコーゲンで補われますから、それを使い果たしてしまうとガス欠で歩けなくなります。すなわち、遭難です。

少し大げさかもしれませんが、本来登山は、私たちがもてる体力を総動員して、その限界に「挑戦」する行為といってもいいかもしれません。このように考えれば、登山をするときには、やはり「覚悟」が必要だと思うのです。

日本の山は酸素が薄い？

高高度の低酸素状態が体に影響を及ぼすのは、学術的に3200mからといわれています。これは富士山の七合目に相当します。そう考えると、日本アルプスの山々はほとんどその高さに達していないので、高度による影響は少ないと考えられます。しかし、もう少し低い山でも息苦しさを感じるという人もいます。私も若い頃に2500mくらいの地点で、テントの中でじっとしていたとき、先輩に息が荒いよと言われたことがあります。でも、そうした症状は大概一晩寝れば治ります。

3200m以上の高度で急に低酸素の影響が出るのは、赤血球中で酸素と結合する*ヘモグロビンの特性が関係しています。全ヘモグロビンの何パーセントが酸素と結合しているか（酸素飽和度）は平地の海抜0mで100％ですが、3200mの高度、すなわち、大気圧が60％まで下がっても、ほぼ100％に維持されています。それが、その高度以上になると一気に下がります。これが富士山の七合目あたりで起こるのです。

実際その高度になると、それまで順調に登っていた人たちも息切れがし、足が重くなって、急にスピードが低下します。その中には吐き気を催し、嘔吐している方々も見かけます。何故、このようなことが起きるのでしょうか。

◆

まず、私たちは、どのようなときに「息苦しさ」を感じるでしょうか。みなさんご存じのように、「平地」では息を止めたときです。普通、30秒ぐらいで息苦

*ヘモグロビン
酸素と特異的に結合し、肺から末梢組織に酸素を運搬する赤血球中に含まれる蛋白質

しくなってきます。しかし、そのときはまだ、血液中の酸素は十分にあるのです。

では、何故息苦しくなるのか。それは、血中の二酸化炭素（CO_2）濃度が上昇してくるからです。すなわち、平地では体は血中のCO_2濃度を一定にするように呼吸しているのです。これを呼吸のCO_2駆動と呼びます。

しかし、高度3200m以上に到達し、血中のヘモグロビンに結合している酸素量が下がってくると、今度は呼吸が酸素（O_2）駆動に置き換わります。体にとっては緊急事態で、血中のCO_2濃度よりO_2濃度を維持することが優先されるのです。

このような高地におけるO_2駆動の呼吸は、平地でのCO_2駆動の呼吸に比べ、はるかに激しい呼吸なので、血中のCO_2濃度は逆に正常値よりも低下してしまいます。その結果、脳の血管が収縮し、めまい、失神、吐き気、ひどい場合には嘔吐を引き起こします。たとえば平地でも、深呼吸を10回くらい行うと頭がふらふらして、目の前が暗くなるでしょう。これは脳の血管が収縮して、脳に十分酸素が送られないために起こる症状なのです。

さらに、高地では筋肉で乳酸が産生されやすくなります。くどいようですが、山に登るエネルギーは筋肉のミトコンドリア*でブドウ糖が燃焼することによって供給されます。高度が3200m以上になって、動脈血中の酸素飽和度が下がると、筋肉への酸素供給量が低下し、乳酸ができやすくなります。乳酸は「酸」ですから血液が酸性化し、それも呼吸を亢進させます。その結果、ますます息切れが亢進し、脳血流が低下するというわけです。

しかし、国内の富士山以外のほとんどの山では、このような症状は1〜2日で消失します。

高度順化の話

高地に数週間滞在すると、血液中に赤血球が産生され、筋肉における毛細血管網が発達し、ミトコンドリア機能が改善し、筋肉の単位重量あたりの酸素利用率

＊ミトコンドリア
ブドウ糖、脂肪酸を燃焼させ、それらに含まれる化学エネルギーをATPに変換する細胞内小器官

が向上します。

このような体の反応を高地順化*と呼びますが、従来から、ヒマラヤなどの高所登山の場合、このプロセスが重要視されてきました。その一つが極地法*と呼ばれる方法です。

これは、ベースキャンプを設営したあと、キャンプ1、2……と徐々に高度を上げていき、その過程で、キャンプ間を往復することで、徐々に高度に順化していくというものです。高所登山の場合、極地法がもっとも確実な方法だったようですが、テント、酸素ボンベなど装備が重く、最終的に頂上に到達できるのは限られた人数であるというところが問題でした。

こうした流れの中、1978年、イタリアの登山家メスナー*とハーベラーは、エベレスト（8848m）に従来の極地法ではなく、ラッシュ法*（アルパインスタイル）で挑み、しかも、酸素ボンベを使用しないで登頂に成功しました。これは、当時の世界の生理学会の常識破りの出来事でした。エベレストの頂上では、高所に順化しても、肺の中の酸素濃度がほとんどゼロになるはずで、したがって、酸素ボンベは絶対に必要であるとされていたからです。

◆

この成功を受けて、１９８２年、米国生理学会は、エベレストに学術調査隊を派遣し、頂上に到達した二人の医師の呼気ガスを採取しました。その結果、肺の中の酸素濃度が分圧にして35㎜Hg、二酸化炭素が７㎜Hgであることがわかったのです。平地ではそれぞれ１００㎜Hg、40㎜Hgですから、両方とも極端に低いことがわかります。

とくに、二酸化炭素濃度が低いことは脳の血管を収縮させ、脳血流を減少させます。また、低酸素状態では乳酸が産生されやすいのですが、血液中の二酸化炭素濃度が低いので、その酸を緩衝できずに、すぐに血液が極端に酸性に傾く危険があります。このようなリスクを抱えながら血中の二酸化炭素濃度を低下させ、その分、酸素濃度を確保していることが明らかになったのです。

＊高地順化
平地から標高の高い場所に移動して一定期間滞在すると、酸素が薄い環境に体が順応し呼吸機能や循環機能が高まる現象

＊極地法
登山などでコースの途中にキャンプを設けながら前進していく方法

＊ラインホルト・メスナー
１９４４〜。登山家。イタリア生まれ。１９８６年に人類史上初の８０００ｍ峰全14座の完全登頂を成し遂げた

＊ペーター・ハーベラー
１９４２〜。登山家。オーストリア生まれ。１９７８年、ラインホルト・メスナーとともにエベレスト無酸素登頂を果たした

＊ラッシュ法（アルパインスタイル）
少ない物資で時間をかけずに頂上に到達する方法

最高酸素摂取量は高度に比例して低下していきます。たとえば、平地で最高酸素摂取量が60㎖／kg／min（持久性競技者の大学生レベル）の人でも、エベレスト頂上では、その3分の1の20㎖／kg／min（80歳の高齢者レベル）に低下します。最高酸素摂取量の少なくとも60％の運動で乳酸が産生されますので、登山活動中は乳酸が産生されやすくなり、疲れやすく、ゆっくりとしか歩けなくなるのです。

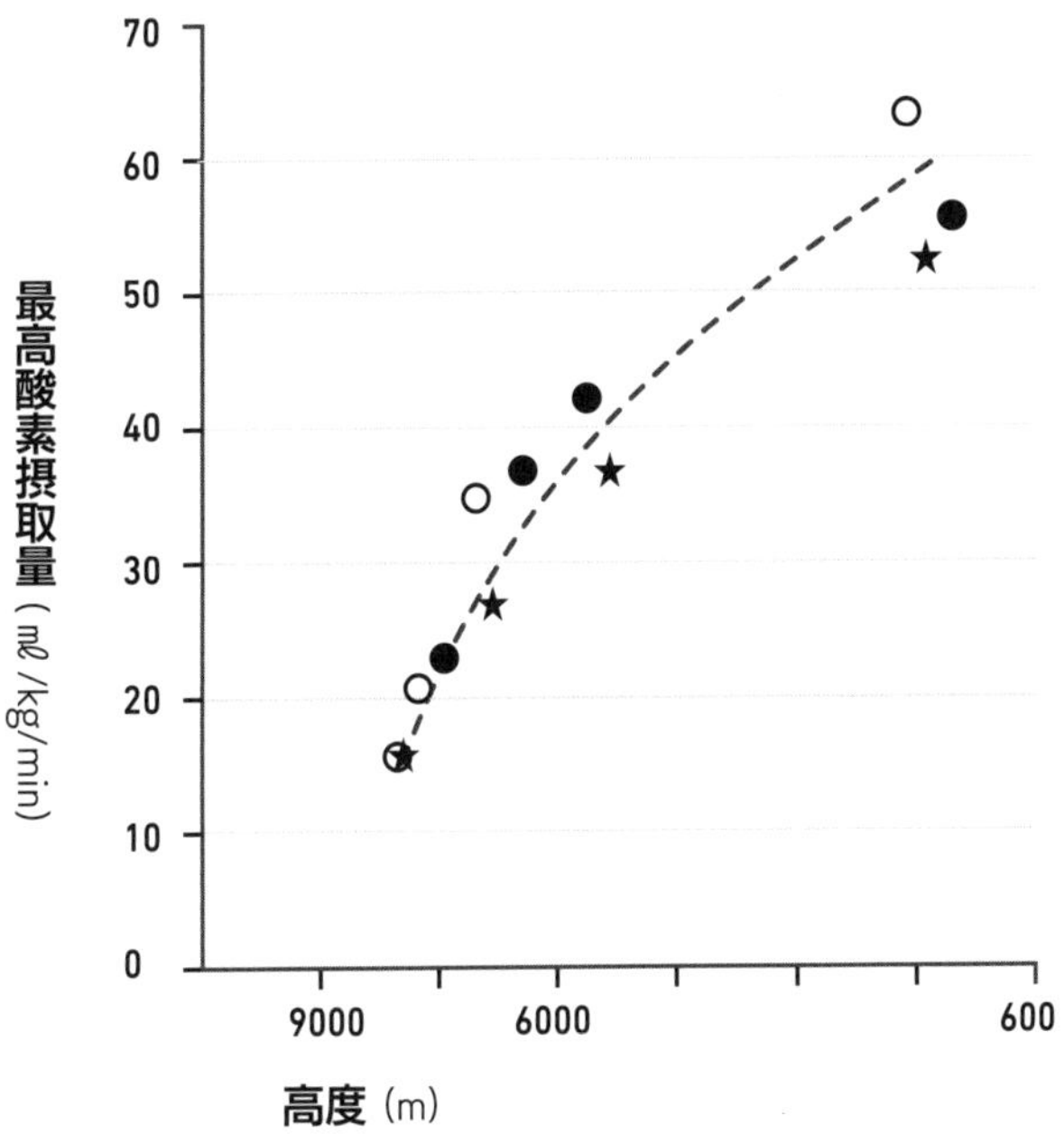

図 5：高度と最高酸素摂取量の関係

海抜 600m で 60㎖ /kg/min あった人でも、エベレストの頂上（8848m）では 20㎖ /kg/min になることに注目
『山に登る前に読む本』（講談社）P140 から引用

一方、メスナーやハーベラーの最高酸素摂取量はそれほど高くなかったそうです。では何故、無酸素登頂が可能になったのでしょうか。私は、高地順化がスムーズに行われ、酸素利用率の高い、すなわち乳酸が出にくい体をつくり上げるのに成功したからだと考えています。

それに加え、彼らが非常に合理的な考え方ができる人たちだったということも、大きな要因だと思われます。たとえば、現在、6000m以上の高度では滞在すれば滞在するほど、体が高度に順化するどころか、劣化が起こることが知られていますから、その高度まではゆっくり登り、それ以上の高度ではできるだけ素早く登ることが理想とされています。彼らはそれを忠実に実践できた人たちだと思うのです。

さらに、最近の登山用具の進歩によって装備の軽量化が可能になったことも無視できません。これらが、エベレストの無酸素登頂を可能にしたのだと考えています。

いずれにしても、大所帯の登山隊は想像以上の経費を必要とします。そして、その経費を集めるためには、さまざまな政治的要素も絡んできます。そうではなく、たった二人で、純粋に目指す山に挑戦しそれを成功させた、それはいま考えても快挙以外の何ものでもありません。

山登りのための筋力向上トレーニング

山登りと平地を歩くのとでは、使う筋肉が異なります。山登りでは足の前側の筋肉、伸展筋を使いますが、平地を歩くときには足のうしろ側の筋肉、屈曲筋を使うのです。山登りを意識してトレーニングする場合には、そうした使う筋肉も意識しながら行うとよいと思います。

具体的な方法としては、坂道を登って、そして下りてくる。そうすると、山登りに特化したトレーニングになります。ただし、たとえ平地でも、屈曲筋力より割合は小さいのですが伸展筋力もつきますから、近くに坂道がないような場合は、平地でのトレーニングで問題ありません。坂道の傾斜によって、運動の強度は変わってきますから、体の反応を見ながら、歩く距離などを調整していきます。

◆

ところで、何でも重いものを背負えばトレーニングになるという人がいますが、私はそれは山登りの哲学に反するのではないかと思っています。私が学生のときに読んだある登山家の本に、ザックに石を詰めて歩くようなトレーニングについて、なんでそんなつまらないことをするのかと書いてありました。自分だったら、バーベキューセットを持って上がって、頂上でどんちゃん騒ぎをやって、それで下りてくる、それなら意味があるというわけです。

三浦雄一郎さんの講演を聞いたことがありますが、初めてエベレストに登るとき、かかりつけの医者に相談に行ったら、「不整脈もあるし、まず痩せなさい」と、ダイエットを勧められたそうです。しかし、そこで彼は、美味しいものも食べずにダイエットをして、それでヒマラヤに行って死んだら、それでは寂しすぎると考えたそうです。それから好きなものを好きなだけ食べて、その分、運動トレーニングをしようと決めて、その結果、登山もうまくいったのだそうです。

何か別の目的のための手段になった行為は、やはり寂しいです。それ自体が目的になるような行為の積み重ねが人生になったら、どんなに素晴らしいだろうと思います。そして登山は、そうした魅力にあふれています。

認知機能改善にも効く?山登り

認知症と運動の関係を研究している方が、ウォーキングをしながら算数をやることを推奨しています。頭の中で計算をしながら歩くと、認知症にならないのだそうです。このことを私の友人に話したところ、頭の中で計算するよりも、山登りをしたほうが効果があるんじゃないかと言っていました。山登りでは、岩場や凸凹の道など、足場の不安定なところが多く、そうしたところを歩くことで、脳が刺激されるのではないかというわけです。道の状態を判断して、次にどこに足を出せばいいかを考えながら歩くことは、計算しながら歩いているのと同じことだと思います。さらに、素早い判断力が必要とされますから、ある意味、計算よりも複雑です。

山登りというと構えてしまいますが、近所の凸凹道を歩くだけでも、認知機能の改善になるのではないかと思います。

ルールを守っていれば山は安全

山登りでいちばん大切なことは、風、雨、雪のときは動かないということです。私が学生の頃は、お金はありませんでしたが、時間がいっぱいありました。だから許されたというところもありますが、先輩からは、雨の中を歩いて何がおもしろいんだ、やむまで待てばいい、やまなければ、登山はあきらめて帰ればいいんだよと教わりました。

たとえば、5月の山に行くと雪稜のバリエーションで登るのですが、いつもは朝の気温はマイナス5℃程度で、そんなときはアイゼンの効きもよくて日中ガンガンに晴れても何の問題はありません。ところが、日によって早朝の気温が1℃とか0℃になり、生暖かい風が吹いて新雪がうっすら積もっているようなときがあります。そんな日は、誰ともなく「今日は登るのはやめようか」となります。

理由は簡単です。そのような日は、待っていても天気は回復せず、何より怖いのは、表層雪崩*が起きる危険があるからです。こういった判断は、山岳部の先輩から学んだものです。こうした感覚や知識は、一朝一夕で身につくものではありません。山岳部代々の申し伝える力というか、いい先輩に恵まれたなと思います。登山は、あるルールさえしっかり守っていれば結構安全なんです。

*表層雪崩
滑る面が積雪内部にある雪崩。1、2月の厳冬期に多く発生する

もう怖いものはない

ルールを守っていれば安全といえば、山で私がいちばん印象に残っているのは、5月に鹿島槍ヶ岳*に登ったときのことです。鹿島槍ヶ岳には南峰と北峰があって、その間の沢筋が急なロウト状の雪面になっているのですが、過去の山岳部の記録を見ると、そこをグリセード*ならぬ尻セード*で滑り降りたという記述が残っていて、めちゃくちゃ楽しかった、と書いてありました。それを見た私の仲間が、一緒にやろうと誘ってきたのです。

はっきりいって私は消極的でした。そうです、怖かったのです。平均斜度が70度、高度差は1000mくらいあったと思います。その仲間はバイクに乗るのが大好きで、要するにスピードとスリルを味わいたかったのです。私を入れて3人。彼らは、よく滑るようにとゴム製のカッパをわざわざ準備して出かけました。

鹿島槍ヶ岳の北峰に突き上げるかなり急峻な雪稜のバリエーションルートを登って、午後の2時頃、北峰と南峰の鞍部*（コル）に到達しました。上から見たら奈落の底に落ちるような印象です。私はたじろいでいるのに、その二人は斜面を眺めて嬉々としていました。雪崩の危険はないと思うけど、もう少し日が陰って雪の表面が凍るほうが滑りやすい、と彼らは言っています。

◆

尻セードというのは、今でもそうですが、当時も禁止されていました。制動が不安定で、方向の制御できないからです。スタート地点で私が躊躇していると、南峰の頂上に見物人が増えてきて、シルエットになって小さく見えます。「あいつら、やる気だ」と思っているのでしょう。

そんな中、「お先」という短い言葉を残して二人がスタートして、あっという間に見えなくなってしまいました。それで私も引くに引けなくなって、思い切っ

＊鹿島槍ヶ岳（かしまやりがたけ）
後立山連峰の中央部に位置する名峰。標高2889m

＊グリセード
氷雪の斜面を、ピッケルと両足のかかとでブレーキをかけながら滑り降りる技術

＊尻セード
氷雪の斜面をソリのようにお尻で滑る技術

＊鞍部（コル）
頂上と頂上の間の標高が低くなった場所

て飛び出しました。

斜面の様子は、バリエーションルートを登っているときにしっかり確認していました。滑り降りたときに岩があって体がバウンドしたらおしまいですから、途中に岩の出っぱりがないかチェックしたのです。すると、全面きれいなロウト状になっている。その二人も、「能勢、絶対大丈夫やで、危険な要素が何もない」とすっ飛んでいったわけです。

彼らは、できるだけスピードが出るように、体を丸めて接地（雪）面を少なくしていきましたが、私は未練がましく、その逆の姿勢を選びました。最初の予定では、ピッケルで制動をかけながら降りるはずだったんですが、スピードがつきすぎてピッケルが雪面から弾かれてしまい、まったく制動の役に立ちません。飛び出した瞬間のサーッという音、うしろを見上げたときの青い空、それを背景に舞い上がる氷の粉……、あっという間に下まで到達してしまいました。一日がかりで登った高度差が、たったの10分です。最後にデブリ*で止まりました。そこには、先に行った二人が手を振って笑顔で待っていてくれました。

今でも、早朝、わが家から真っ白の鹿島槍ヶ岳が見えます。北峰と南峰の間のロウト状の谷もはっきり見えます。あのとき死んだと思えば、もう怖いものはありません。

中国の未踏峰ボゴダ・オーラ

中国の天山山脈、ボゴダ・オーラ峰に登ったのは卒業後しばらくたった1981年です。それから遡る3年前、私は卒業を前に、臨床医になるのがいやで、進路に迷っていました。そして自分の進路を探るために、いろいろな基礎医学の教室を回り、情報を収集していました。

そのとき出会った生理学の教室は、先々代の教授が『カナダ＝エスキモー』を書いた本多勝一*氏と親しく、OBには、南極の越冬隊員や、マッキンリーで高所

*デブリ
雪崩などで流された雪が堆積した場所

*ボゴダ・オーラ峰
中国の天山山脈にそびえる。標高5445m

*本多勝一
1932〜。ジャーナリスト。長野県生まれ。『カナダ＝エスキモー』（1981年、朝日新聞社）の著者

医学の研究をしたり、パプアニューギニアで栄養調査を行った方々もおられるという、猛者揃いの教室でした。当時の教授に想いを伝えたところ、「お前、うちの教室に入ったら、ヒマラヤに登らせてやるぞ」と言ってくれたのです。そのことは、私が生理学を志した動機の一つになっています。

その後、学位の目処が立った頃に、京都山岳会から、中国の天山山脈にあるボゴダ・オーラ峰に遠征隊を出すので、医師免許をもっている者を募集しているという話が届きました。登攀隊長は女性の方だったのですが、彼女がＮＡＳＡの航空写真を持ってきて、これが地図だというわけです。そう、その山の地図がなかったのです。

その航空写真と、20世紀初頭に英国の東インド会社の職員だったシプトン*が試登したときの写真と、山の概念図だけが登山隊のもつ資料でした。まだ、探検気分が味わえる山が残っていたという、わくわくする話です。

当時、私は医学部助手だったのですが、この登山隊に参加するとき、結婚して家族もいるので出張扱いにしてくれ、と大学事務と交渉しました。テーマは「高所医学研究」です。しかし、大学事務は、出張扱いにすると山で遭難したら殉職扱いになるので辞職してから行け、の一点張りでした。それでもあきらめきれずに学長に直訴しましたが、「今、大学は開学以来の大規模改築に向けて、京都府と交渉の真っ最中で、府の機嫌を損ねたら困る」という理由で許可を得られませんでした。

ほとほと困って登攀隊長にその旨を相談したところ、「任せておけ」といわんばかりに、当時の京都府知事に直談判してくれました。その結果、意外にも「日中友好に非常によろしい」ということで、学長宛に推薦状を書いてくれました。それが功を奏して、ようやく出張扱いで登山隊に参加することができました。

◆

＊エリック・シプトン
1907〜1977。イギリスの登山家・探検家。数多くの登山、探検に関する記録を残した

登山後、大学事務から散々嫌味を言われましたが、きっと彼らは私のことが羨ましかったのだと思います。「こんなに自分の欲求に素直に生きることがどうして許されるのか」と。一方、私はこの経験で、私たちは世の中で規則によって厳格に管理されていること、そして大学もその例外ではないことを思い知らされました。

◆

私はそれまでの人生で、品行方正に生きないといけない、それに背くと罰せられたり、人生で損をする、といった漠然とした「恐れ（不安）」を抱いて生きていました。その恐れの正体を知らないままにです。その正体を知るためには、思い切って、それまで盲従していた世の中の規則から少しはみ出してみることが必要でした。

今から思えば、その正体は、社会のヒエラルキーに起因する「忖度（そんたく）」だったのです。学生の頃、精神科の授業で「不安の原因」がわかれば不安は消滅すると習いましたが、たしかにボゴダ・オーラ峰遠征の後、私は少し元気になりました。

山は変わらずそこにある

今あらためて、山はいいなあと思います。価値観が乱立し、この迷いの多い時代に、山だけは昔と変わらずにそこにある、そして、何かを語りかけてきます。

たとえば、私はもうすぐ現役をリタイアする年を迎えますが、これまでの社会的立場をなくして、いわば裸一貫になったとき、やはり山は自分の心のよりどころになるでしょう。学生の頃、周囲に語った「人生に理屈はいらない、生きているだけで十分だ」という言葉を思い出します。

今、あまり高い山に登る余裕はありませんが、登ろうと思ったときには、数週間前からインターバル速歩の回数を増やしたり、近くの里山に登って、そのときに備えています。そうしておくと、やはり本番は楽です。

家の近くに光城山という里山がありますが、それもその一つです、高度差200mの小さな山ですが、近くに常念岳*が見え、遠くには爺ヶ岳*、鹿島槍ヶ岳、そして白馬岳*が見えます。それらを見ていると「今でも、お前は、何かに挑戦する生き方をしているか」と語りかけられているようです。

*常念岳（じょうねんだけ）北アルプス南部の常念山脈に位置するピラミッド型の山。標高2857m

*爺ヶ岳（じいがたけ）北アルプス北部の後立山連峰南部に位置する山。標高2670m

*白馬岳（しろうまだけ）北アルプスで槍ヶ岳と人気を二分する山。標高2932m

おわりに

私が学生の頃、山岳部の先輩からこんなことを指導されていました。

「他人の打ったハーケンは信用するな」（抜けるかもしれない）

「他人が木につけた目印の赤い布やテープは当てにするな」（それを頼りに進むと、いずれなくなって自分がどこにいるのかわからなくなる）

「先の人が行けたからといって、自分が行けるとは限らない」（いろんな条件が異なっているのだから同じようにはならない）

「鎖場で過剰に鎖に体重をかけるのはやめろ」（切れるかもしれない）

「街なかでザックに装着したザイルをむき出しにするな」（誰かが傷つけるかもしれない）

いま思えば超懐疑主義的で、これでは世の中、寂しすぎるじゃないか、と思われるかもしれませんが、彼らが言いたかったのは、自分の命を無闇に赤の他人に委ねるようなことはやめろ、ということだったと思います。

翻って今の私たちの日常生活を見てみると、自分で決断することの少なさに驚きます。

たとえば、カーナビは自分で考えなくても、指示どおりに運転していれば目的地に連れていってくれます。テレビゲームは、それなりにやっていれば、必ず課題がクリアされるようにできています。職場のマニュアルも同様です。これにいたっては、あえて自分の判断で異なったことをやると、罰せられることさえあります。

文明の進歩によって、私たちの生活はたしかに豊かになりましたが、その豊かさを享受するために、ある意味、窮屈な人生を強いられているように思います。そこには、自らの人生を問うような真剣さはありません。

そこで登山です。

私たちは登山をするとき、何故こんなにしんどい思いをして登山をするのか、と真剣に考えます。危険な目にあえば、どうすれば助かるのか、自分の頭で必死になって考えます。そして、無事に山から下りてきたとき、一緒に登山をした仲間と心が通い合った充実感を味わうことができます。

こうした体験こそ、どんなに文明が進歩しても、生活がいくら豊かで便利なものになっても、私たちが生きていることの証だと思うのです。

さあ、今すぐ目標の山を決め、そのための準備をし、全力を出し切って挑戦してみましょう。それを成し終えたとき、きっと生き生きとした自分を再発見できるはずです。

２０１７年2月

能勢 博

謝辞

この本の執筆の機会を与えていただいた山と溪谷社の高倉眞氏、文章の校正、編集を担当していただいた揚力株式会社の齋藤隆久氏に厚く御礼申し上げます。また、この本で引用した研究を一緒にしていただいた京都府立医科大学・旧第一生理学教室のみなさま、信州大学大学院医学系研究科スポーツ医科学教室のみなさま、NPO法人・熟年体育大学リサーチセンターの皆様に御礼申し上げます。

そして、京都山岳会・ボゴダ・オーラ峰の遠征隊のみなさまはじめ、これまで私と登山に同行していただいた方々に御礼申し上げます。

最後に、私にこれまで登山を許し、支援してくれた家族に感謝します。

参考文献、出典

[体力の加齢性変化と生活習慣病に関するもの]

Haskell et al.（1998）Effects of exercise training on health and physical functioning in older persons. In: The 1997 Nagano Symposium on Sports Sciences. ed. by Nose H, Nadel ER, and Morimoto T. pp399-417.

[インターバル速歩の健康増進効果に関するもの]

Nemoto K et al.（2007）Effects of high-intensity interval walking training on physical fitness and blood pressure in middle-aged and older people. Mayo Clinic Proceedings. 82: 803-811.

平成17-19年度　厚生労働省科学研究費補助金　長寿科学総合研究事業「中高年健康増進のためのITによる地域連携型運動処方システムの構築　総合研究報告書」（代表：能勢 博）（2008）

Morikawa M et al.（2011）Physical fitness and indices of lifestyle related diseases before and after interval walking training in middle-aged males and females, British J of Sports Med. 45: 216-224.

Masuki S et al.（2015）The factors affecting adherence to a long-term interval walking training program in middle-aged and older people. J Appl Physiol 118: 595-603, 2015.

[運動トレーニング＋乳製品摂取効果に関するもの]

Okazaki K et al.（2009）Protein and carbohydrate supplementation after exercise increases plasma volume and albumin content in older and young men. J Appl Physiol 107: 770-779.

Okazaki et al.（2009）Impact of protein and carbohydrate supplementation on plasma volume expansion and thermoregulatory adaptation by aerobic training in older men. J Appl Physiol 108: 725-733.

Goto M et al.（2010）Protein and carbohydrate supplementation during 5-day aerobic training enhanced plasma volume expansion and thermoregulatory adaptation in young men. J Appl Physiol 109:1247-1255.

Okazaki K et al.（2013）Effects of macronutrient intake on thigh muscle mass during home-based walking training in middle-aged and older women, Scandinavian Journal of Medicine Science in Sports, 23: e286-e292.

[運動処方効果の分子メカニズムに関するもの]

Handschin C and Spiegelman BM (2008) The role of exercise and PGC1a in inflammation and chronic disease, Nature 454: 463-469.

Nakajima K et al. (2010) Exercise effects on methylation of ASC gene, Int J Sports Med 30: 1-5.

Masuki S et al. (2010) Vasopressin V1a receptor polymorphism and high intensity interval walking training effects in middle-aged and older people. Hypertension 55: 747-754.

Zhang Y et al. (2015) NF κ B2 gene as a novel candidate that epigenetically responds to interval walking training. Int J Sports Med. 36 (9) :769-775.

[インターバル速歩の臨床応用に関するもの]

Karstoft K et al. (2013) The effects of free-living interval walking training on glycemic control, body composition, and physical fitness in type 2 diabetic patients, Diabetes Care 36: 228-236.

Karstoft K et al. (2015) Mechanisms behind the superior effects of interval vs continuous training on glycaemic control in individuals with type 2 diabetes: a randomized controlled trial, Diabeteologica DOI 10.1007/s00125-014-3334-5.

Morishima et al. (2014) Effects of home-based interval walking training on thigh muscle strength and aerobic capacity in female total hip arthroplasty patients: a randomized, controlled pilot study. PLOS ONE 9: 1-9.

Handa S et al. (2016) . Target intensity and interval walking training in water to enhance physical fitness in middle-aged and older women: a randomised controlled study. Eur J Appl Physiol 116: 203-215.

[インターバル速歩の遠隔型個別運動処方システムに関するもの]

平成17年度　経済産業省　電源地域活性化先導モデル事業「熟年体育大学リサーチコンソーシアム (JTRC) 調査報告書」(代表：能勢 博) (2006) .

Nose H et al. (2009) Beyond epidemiology: field studies and the physiology laboratory as the whole world. J. Physiol (Lond) 587: 5569-5575.

Yamazaki T et al. (2009) A new device to estimate VO2 during incline walking by accelerometry and barometry. Med Sci Sports Exerc 41: 2213-2219.

[ボゴダ・オーラ峰の登山に関するもの]

能勢 博ほか（1982）ボゴダ峰（5445m）登山における生理学的変化、日本生気象学会雑誌　19:52-58.

京都山岳会（1981）中国・天山山脈　処女峰　ボゴダ

[全般的に引用したもの]

ギャノン（1975）医科生理学展望（6版）、丸善、東京

中山昭雄（編）（1981）温熱生理学、理工学社、東京

Astrand et al.（ed.）（1986）Textbook of Work Physiology, MacGraw-Hill, NY.

West JB and Lahiri S（ed.）（1984）High Altitude and Man, American Physiological Society, Bethesda MD.

Houston CS（ed）（1991）Operation Everest II, US Army Research Inst. of Environmental Med., Natick Mass.

米国スポーツ医学会（編）（2006）運動処方の指針（原著第7版）南江堂、pp1-383.

Pedersen BK and Saltin B（2006）Evidence for prescribing exercise and therapy in chronic disease, Scandinavian J of Med & Sci in Sports, 16: 3-63.

彼末一之、能勢 博（編）（2011）やさしい生理学（改訂第6版）、南江堂、東京

本間研一ほか（編）（2014）　標準生理学（第8版）、医学書院、東京

[そのほか参考になる一般者向きの本]

能勢 博（2013）「歩き方を変える」だけで10歳若返る、主婦と生活社、東京、pp1-193.

能勢 博（2014）山に登る前に読む本、講談社、東京、pp1-190

能勢 博（2015）「筋トレ」ウォーキング、青春出版社、東京、pp1-181.

能勢 博（2015）「寝たきり」が嫌ならこのウォーキングに変えなさい、朝日新聞出版、東京、pp1-93.

能勢 博（2015）図解　「筋トレ」ウォーキング、青春出版社、東京、pp1-92.

能勢 博（2016）「早く歩く」人は、体も心も超健康！、三笠書房、東京、pp1-198.

能勢 博（監修）（2016）「メリハリ速歩」がいい！、こう書房、東京、pp1-186.

●プロデューサー
高倉 眞

●編集
齋藤隆久（揚力株式会社）

●カバー＆本文イラスト
小島サエキチ

●デザイン
昆野浩之（揚力株式会社）

●校正
中井しのぶ

能勢 博（のせ ひろし）

1952年生まれ。

京都府立医科大学医学部卒業。京都府立医科大学助手、米国イエール大学医学部博士研究員、京都府立医科大学助教授などを経て現在、信州大学学術院医学系教授（疾患予防医科学系専攻・スポーツ医科学講座）。

画期的な効果で、これまでのウォーキングの常識を変えたといわれる「インターバル速歩」を提唱。信州大学、松本市、市民が協力する中高年の健康づくり事業「熟年体育大学」などにおいて、約10年間で約6000人以上に運動指導してきた。

趣味は登山。長野県の常念岳診療所長などを歴任し、81年には中国・天山山脈の未踏峰・ボゴダ・オーラ峰に医師として同行、自らも登頂した。

著書に『いくつになっても自分で歩ける！「筋トレ」ウォーキング』（青春出版社）、『山に登る前に読む本』（講談社）など。


もう山でバテない！

「インターバル速歩」の威力

2017年3月30日　初版第1刷発行

著　者　　能勢 博
発行人　　川崎深雪
発行所　　株式会社 山と溪谷社
〒101-0051 東京都千代田区神田神保町1丁目105番地
http://www.yamakei.co.jp/

印刷・製本　図書印刷株式会社

◆商品に関するお問合せ先
山と溪谷社カスタマーセンター　TEL 03-6837-5018
◆書店・取次様からのお問合せ先
山と溪谷社受注センター　TEL 03-6744-1919　FAX 03-6744-1927

乱丁・落丁は小社送料負担でお取り換えいたします。

ISBN978-4-635-51044-8